DEGELS 2012: Gestures and Sign Language Challenge

Held at JEP-TALN-RECITAL 2012

Grenoble, France
4 – 7 June 2012

Editors:

Annelies Braffort
Gilles Serasset
Leila Boutora

ISBN: 978-1-62276-495-2

Printed from e-media with permission by:

Curran Associates, Inc.
57 Morehouse Lane
Red Hook, NY 12571

Some format issues inherent in the e-media version may also appear in this print version.

Printed by Curran Associates, Inc. (2012)

Association for Computational Linguistics
209 N. Eighth Street
Stroudsburg, Pennsylvania 18360

Phone: 1-570-476-8006
Fax: 1-570-476-0860

acl@aclweb.org

Additional copies of this publication are available from:

Curran Associates, Inc.
57 Morehouse Lane
Red Hook, NY 12571 USA
Phone: 845-758-0400
Fax: 845-758-2634
Email: curran@proceedings.com
Web: www.proceedings.com

Préface

Le Défi GEste Langue des Signes (DEGELS) [1] a été créé en 2011 par Leïla Boutora, maître de conférence au Laboratoire Parole et Langage (LPL, UMR 7039 CNRS-Université d'Aix-Marseille), et Annelies Braffort, directrice de recherche au Laboratoire d'Informatique pour la Mécanique et les Sciences de l'Ingénieur (LIMSI, UPR 3251 CNRS). La création de ce défi est née du besoin de rassembler les communautés scientifiques étudiant la gestualité coverbale et la langue des signes afin d'échanger sur des problématiques communes portant sur l'annotation de corpus. L'idée d'animer cette rencontre sous la forme d'un défi a été largement inspirée du défi de fouille de données DEFT, un atelier associé à la conférence TALN, créé en 2005 et qui est organisé chaque année.

L'objectif du défi consiste à proposer une campagne d'annotation d'un corpus vidéo comparable en deux langues –français oral (avec sa gestualité) et langue des signes française (LSF)– avec une thématique partagée, de manière à encourager les échanges sur les méthodologies et les problématiques liées à l'annotation du geste. Nous fournissons aux équipes participantes des données vidéo extraites d'un corpus réalisé pour l'occasion. Les équipes doivent annoter ces données, puis fournir leur annotation ainsi qu'un article décrivant leur méthodologie. Les organisateurs comparent les annotations sur une thématique différente chaque année et élabore une synthèse des différentes approches. Les différentes annotations sont présentées et comparées lors d'un atelier organisé après la conférence TALN.

Pour cette seconde édition, nous avons proposé aux participants la thématique de la segmentation. Il s'agit d'un point de vue "bas-niveau" qui est souvent un préalable à l'étiquetage de l'élément annoté. Les annotations de DEGELS2011 ont montré une diversité des méthodes employées, pour lesquels une explicitation des critères de segmentation n'était pas toujours proposée. Il s'agit cette année d'expliciter ces critères, de les discuter, pour déboucher sur l'élaboration d'un guide d'annotation collectif qui reprendra ces critères, qui peuvent être différents en fonction de l'approche théorique ou méthodologique pratiquée.

Ce recueil contient l'ensemble des articles soumis, ainsi qu'un article d'introduction présentant plus en détail les principes et l'organisation de ce défi et une synthèse des différentes approches proposées par les participants. Nous avons en outre intégré deux articles de conférencières invitées portant sur le traitement automatique qui peut être appliqué aux données pour l'aide à l'annotation et en particulier à la segmentation, pour l'alignement texte/son pour l'un et pour la segmentation automatique de gestes par traitement d'images pour l'autre.

Annelies Braffort et Leïla Boutora, co-organisatrices de DEGELS 2012

1. `http://degels.limsi.fr/`

Coodinatrices de DEGELS 2012 :

Leïla Boutora (LPL, CNRS-Université Aix-Marseille)
Annelies Braffort (LIMSI, CNRS)

Comité d'organisation de DEGELS 2012 :

Agnès Millet (LIDILEM, Université Grenoble 3)
Isabelle Estève (LIDILEM, Université Grenoble 3)
Leïla Boutora (LPL, CNRS-Université Aix-Marseille)
Annelies Braffort (LIMSI, CNRS)

Comité de lecture de DEGELS 2012 :

Leïla Boutora (LPL, CNRS-Université Aix-Marseille)
Brigitte Bigi (LPL, CNRS-Université Aix-Marseille)
Annelies Braffort (LIMSI, CNRS)
Jean-Marc Colletta (LIDILEM, Université Grenoble 3)

Table des matières

Présentation de l'atelier

Partie 1 : Gestualité

Partie 2 : LSF

Défi d'annotation DEGELS2012 : la segmentation

Annelies Braffort Leïla Boutora
LIMSI-CNRS, Campus d'Orsay bat 508, BP133, 91403 Orsay cx
Laboratoire Parole et Langage, UMR 7039 CNRS/Aix-Marseille Univ, 13100 Aix-en-Provence
annelies.braffort@limsi.fr, leila.boutora@lpl-aix.fr

RÉSUMÉ

Dans cet article, nous présentons la deuxième édition du défi d'annotation de gestes et de langue des signes (DEGELS). Comme l'année dernière, l'objectif est d'organiser une campagne d'annotation dans le but de comparer des méthodologies d'annotation et d'analyse de corpus de gestes coverbaux en français oral et de langue des signes française (LSF) en soumettant aux chercheurs linguistes et informaticiens de ces domaines un corpus constitué pour l'occasion. L'édition 2012 se propose d'étudier les méthodes de segmentation des unités gestuelles, méthodes partagées par les communautés gestualiste et LSF. Après avoir présenté les objectifs, les enjeux scientifiques et le déroulement de cette manifestation scientifique, nous expliquons comment nous avons exploité les annotations réalisées par les cinq équipes participantes afin de préparer la journée de l'atelier.

ABSTRACT

DEGELS 2012 Annotation Challenge: Segmentation

In this paper, we present the second edition of the gesture and sign language annotation challenge (DEGELS). As last year, the goal is to organise an annotation campaign in order to compare methodologies for annotation and analysis of coverbal gestures in spoken French and French Sign Language (LSF) corpora. For that, we have submitted to linguists and computer scientists a corpus that has been specially created for this challenge. The DEGELS 2012 edition is dedicated to the study of segmentation of gestural units, a method shared by gestural and sign languages scientific communities. After presenting the objectives and the organisation of this event, we explain how we used the annotations provided by the five teams to prepare the workshop.

MOTS-CLÉS : Méthodologie d'annotation, schéma d'annotation, gestualité, multimodalité, Langue des Signes Française, segmentation

KEYWORDS : .Annotation methodology, annotation scheme, gesture, multimodality, French Sign Language, segmentation

1 Introduction

DEGELS (DEfi Geste Langue des Signes) est un atelier de comparaison d'annotation de corpus de gestes coverbaux et de langue des signes. L'objectif de cet atelier est de rassembler les communautés scientifiques étudiant la gestualité coverbale et la langue des signes autour des problématiques communes portant sur l'annotation de corpus.

Cet atelier prend la forme d'un défi d'annotation : nous fournissons aux équipes participantes des données vidéo extraites d'un corpus comparable de langue des signes et de français oral (voix et gestes). Les équipes doivent les annoter, fournir leur annotation ainsi qu'un article décrivant leur méthodologie (choix théoriques, schéma d'annotation, critères de choix...). Les organisateurs comparent les annotations entre elles sur une thématique différente chaque année et élabore un alignement des annotations lorsque c'est possible et une synthèse des différentes approches, les points communs, les différences. Cette synthèse est présentée lors de l'atelier et des échanges sont organisés autour de cas concrets issus des annotations des participants.

Le partage des corpus et des annotations passe par une bonne connaissance des méthodes et une description claire des schémas d'annotation utilisés ainsi que des critères appliqués (segmentation, choix parmi les catégories, etc.), au travers de guides d'annotation par exemple, tel que celui élaboré par Johnston (2011) pour l'annotation de la langue des signes australienne (AusLan). A travers cet atelier, notre objectif est d'initier la constitution de guides d'annotation pour la gestualité et la langue des signes.

Pour cette deuxième édition, nous proposons d'étudier les méthodes de segmentation en unités gestuelles et d'échanger sur les critères formels employés dans les études sur la LSF et en gestualité. Si un certain consensus existe dans la communauté des gestualistes (Kendon, 2004) (McNeill, 1992, 2005), ce n'est pas le cas pour les langues des signes où les approches peuvent être très différentes (Brentari & Wilbur, 2008) (Johnson & Liddell, 2011) (Hanke et al, 2011, 2012). Cependant, parmi elles, certaines peuvent se rapprocher de celle privilégiée en gestualité (Kita et al, 1998). Notre objectif est de mettre en regard ces différentes méthodes, avec leurs *pour* et leurs *contre*, afin d'expliciter les méthodes et les objectifs et les critères formels qui y sont associés puis de rédiger après l'atelier un document qui pourra servir de cadre pour les étudiants qui débutent, mais aussi les chercheurs qui n'ont pas toujours l'habitude de manipuler des critères formels.

2 Déroulement

L'atelier DEGELS 2012 a lieu le 8 juin 2012 à Grenoble, sur le campus de Saint-Martin d'Hères, dans le cadre de la conférence JEP-TALN 2012. L'interprétation en LSF y est assurée. Le corpus proposé aux participants, DEGELS1, est décrit dans (Boutora, Braffort, Bertrand 2011).

Les participants ont étudié les mêmes deux extraits de DEGELS1 qu'en 2011, de courte durée, dans l'optique d'aller plus loin dans l'explicitation des critères d'annotation, en particulier cette année les critères de segmentation. Pour les deux langues, les extraits portent sur la même portion d'itinéraire : la corniche en bord de mer qui mène du vieux port aux plages de Marseille en passant par le David, statue emblématique d'un homme nu.

Le corpus, sous forme de fichiers vidéo et audio, était téléchargeable ainsi qu'un fichier texte comportant la traduction approchée en français écrit de l'extrait en LSF. Les fichiers vidéo sont proposés en différents formats de compression (xvid, IV5.1, Cinepak, non-compressé), afin d'assurer la compatibilité avec les logiciels d'annotation généralement employés (Elan, Anvil, et iLex). Pour le corpus de français oral, deux fichiers son sont fournis, correspondant à deux pistes (une par locuteur), séparées mais alignées entre elles et sur la vidéo.

L'ensemble du processus s'est déroulé en quatre étapes. Les participants ont eu accès aux corpus à partir du 13 février. Ils ont eu 8 semaines pour fournir leur annotation et leur article (4 avril). La notification a été envoyée aux auteurs le 23 avril. Les auteurs ont eu ensuite 2 semaines pour fournir la version finale de leur article (4 mai).

Cette année, 8 équipes se sont inscrites et 5 sont allées jusqu'au bout du processus. Ces équipes regroupent 11 intervenants, dont 7 gestualistes et 4 Langue des Signes. Les cinq équipes participantes sont constituées de la manière suivante :

Gestualité

- Équipe n°2 : G. Ferré (LLING Nantes)
- Équipe n°5 : D. Boutet (SFL Paris 8), K. Martel (PALM Caen) et M. Blondel (SFL Paris 8)
- Équipe n°8 : M. Tellier (LPL Aix-Marseille), B. Azaoui (DIPRALANG Montpellier 3) et J. Saubesty (LPL Aix-Marseille)

Langue des signes

- Équipe n°3 : I. Estève et A. Millet (LIDILEM Grenoble 3)
- Équipe n°7 : F. Lefebvre-Albaret (WebSourd) et J. Segouat (WebSourd)

3 Préparation de l'atelier

Le thème de cette année est la **segmentation** des unités gestuelles. Cette opération correspondant à un point de vue "bas-niveau" est souvent un préalable à l'étiquetage de l'élément annoté. Les annotations de DEGELS2011 ont montré une diversité des méthodes employées, pour lesquels une explicitation des critères de segmentation n'est pas toujours proposée. Il s'agit cette année d'expliciter ces critères, de les discuter, pour déboucher sur l'élaboration d'un guide d'annotation collectif qui reprendra ces critères, qui peuvent être différents en fonction de l'approche théorique ou méthodologique pratiquée.

Les éléments qu'il a été proposé d'étudier sont :

- Les éléments corporels , manuel ou non-manuel (uniquement les mains, d'autres articulateurs, une combinaison d'articulateurs...)
- Les temps de début et de fin des unités gestuelles

- Les critères formels utilisés pour définir les bornes de début et fin des unités gestuelles (manuel et non manuel, mouvement, forme de la main, direction du regard, autre...)
- Les phases temporelles des unités gestuelles (ex : *preparation, stroke, hold...*, ou *posture, transition, detention...* selon le modèle théorique)
- Les critères formels utilisés pour définir les bornes de début et fin de ces phases (mouvement, forme de la main, autre...)
- Les temps de début et de fin des phases gestuelles
- Les algorithmes employés en cas de segmentation automatique ou semi-automatique
- les méthodes de contrôle ou de validation de l'annotation le cas échéant.

Afin de pouvoir étudier en détail ces aspects le jour de l'atelier, il a été demandé aux participants d'inclure dans leur schéma d'annotation des pistes précises visant à segmenter les composantes manuelles et non-manuelles, chacune de ces pistes pouvant être affinée à l'aide de pistes filles :

Pour les composantes manuelles, chaque annotation devait comporter au minimum les trois pistes suivantes :

- "Segmentation MD" ou "Segmentation RH" (annotation de l'élément "main droite")
- "Segmentation MG" ou "Segmentation LH" (annotation de l'élément "main gauche")
- "Segmentation 2M" ou "Segmentation 2H" (annotation de l'élément "deux mains")

Pour les composantes non-manuelles, les pistes demandées étaient :

- "Segmentation Regard" ou "Segmentation Gaze" (annotation de la direction du regard)
- "Segmentation Buste" ou "Segmentation Chest" (annotation de l'élément "buste")
- "Segmentation Tête" ou "Segmentation Head" (annotation de l'élément "tête")

Chaque équipe a annoté soit l'extrait de corpus de gestualité, soit l'extrait de LSF. Toutes les équipes ont utilisé le logiciel Elan, sauf une qui a utilisé Anvil. Nous avons donc réalisé les alignements des annotations sous Elan, en exportant les annotations Anvil sous le format CSV qui peut être importé sous Elan.

Au vu des annotations, nous avons décidé d'aligner plus particulier les phases gestuelles, car ce niveau a été étudié par l'ensemble des équipes participantes. Ce niveau permet d'une part de visualiser la segmentation des unités gestuelles ainsi que des phases en elles-mêmes. Les figures 1 et 2 montrent un extrait des alignements effectués respectivement pour la gestualité et pour la LSF.

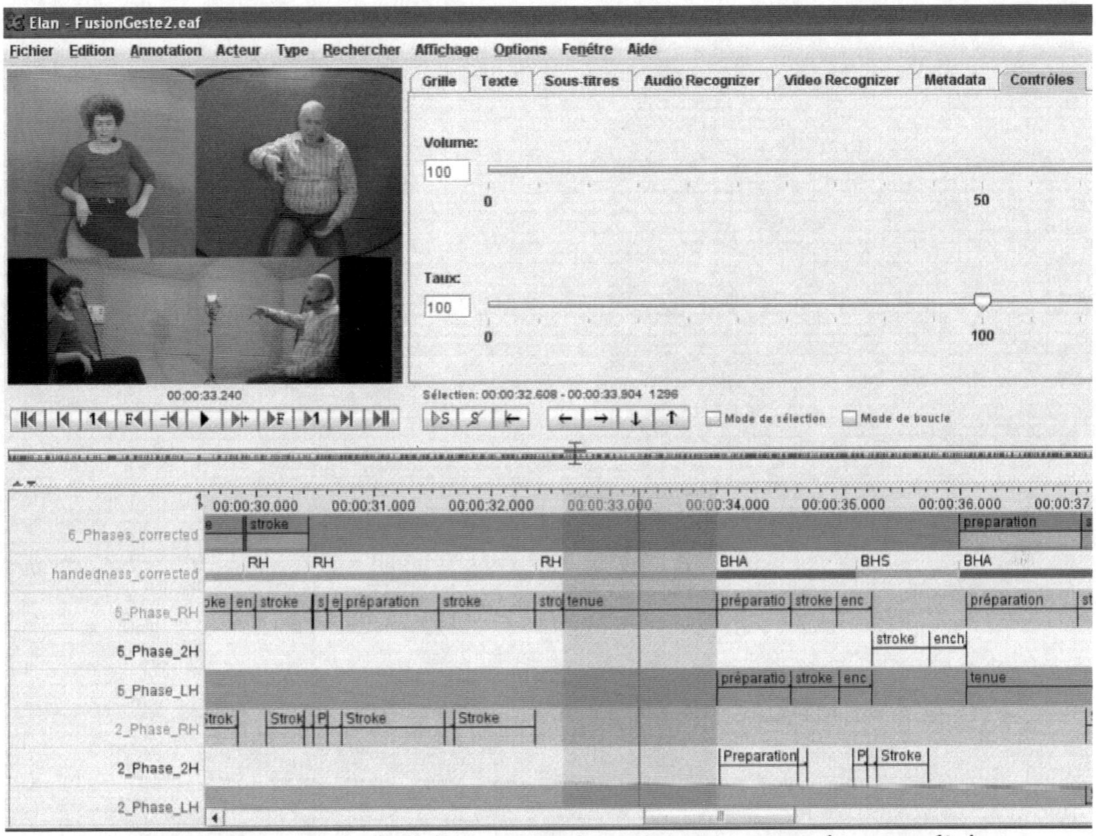

Figure 1 : Extrait de l'alignement des annotation pour la gestualité

Pour la gestualité (figure 1), l'équipe 6 a réalisé une étude sur l'accord inter-annotateur et a proposé une annotation résultant d'un accord après coup de trois annotateurs (1ère piste). Les autres équipes (5 et 2) ont utilisé trois pistes dédiées respectivement à l'annotation des événements observés pour la main droite (pistes vertes 3 et 6), la main gauche (pistes rouges 5 et 8) et les deux mains ensemble (pistes jaunes 4 et 7), tandis que l'équipe 6 a utilisé une seule piste pour décrire les événements manuels et une seconde piste (piste 2) pour indiquer s'il s'agit d'un geste monomanuel droite ou gauche ou d'un geste bimanuel symétrique ou non.

Pour la LSF (figure 2), les deux équipes ont utilisé trois pistes pour décrire les événements observés pour la main droite (pistes vertes 1 et 4), la main gauche (pistes rouges 3 et 6) et les gestes bimanuels (pistes jaunes 2 et 5). L'équipe 7 a en plus créé une piste avec des valeurs numériques représentées sous forme de courbes pour visualiser des mesures de vitesse des mains mesurées en annotant manuellement la position des mains dans les images constituant la vidéo.

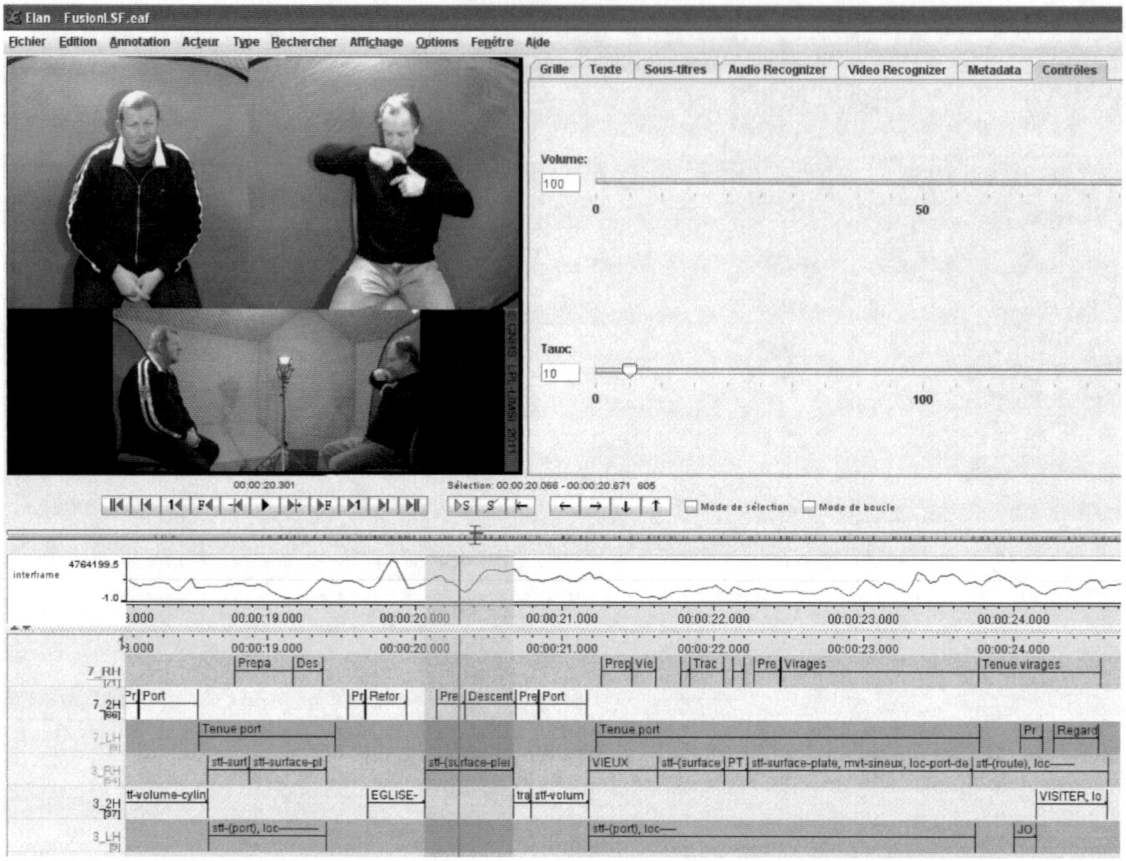

Figure 2 : Extrait de l'alignement des annotation pour la LSF

A partir de ces annotations, nous avons sélectionné quelques extraits qui nous ont semblé représentatifs pour les différences que l'on observe soit sur les choix de segmentation, soit sur les choix des pistes utilisées. Ces exemples seront débattus lors de la journée de l'atelier le 8 juin à Grenoble.

Nous avons par ailleurs invité deux présentations dédiées au traitement automatique qui peut être appliqué aux données pour l'aide à l'annotation, pour l'alignement texte/son d'une part (Bigi 2012), et pour la segmentation automatique de gestes par traitement d'images d'autre part (Gonzales Preciado 2012).

4 Conclusion

Dans cet article, nous avons présenté les objectifs et le déroulement de DEGELS 2012, deuxième édition d'un atelier qui consiste à comparer des méthodes d'annotation et d'analyse de corpus de gestes coverbaux en français oral et de LSF. L'édition de cette année s'est centrée sur la segmentation des unités gestuelles.

Pour chaque corpus (gestualité et LSF) nous avons aligné les annotations des phases des événements manuels afin de pouvoir sélectionner quelques extraits à partir desquels lancer les discussions lors de la journée de l'atelier. Nous espérons ainsi pouvoir contribuer à l'élaboration d'un guide d'annotation à destination des étudiants et des chercheurs qui regrouperait les propositions issues de cet atelier.

L'enjeu de cet atelier est également de montrer l'impact des outils et des méthodologies sur l'analyse elle-même, pour prendre conscience de son existence et favoriser à terme des pratiques qui ne se laissent pas contraindre par les outils existants plus ou moins adaptés, mais au contraire de formuler les besoins des chercheurs afin d'aller vers le développement d'outils qui soutiennent réellement l'exploration linguistique.

Remerciements

Les auteurs remercient les relecteurs et les organisateurs de TALN et de DEFT pour leur aide à tous les niveaux, ainsi que les organisatrices locales de DEGELS 2012.

Cette manifestation a reçu le soutien financier du LIMSI et du LPL, ainsi que d' organismes de recherche (en cours de décision au moment de la rédaction de cet article) pour le financement de l'interprétariat en LSF.

Références

Corpus Degels1 oai:sldr.fr:crdo000767

Bigi, B. (2012). SPPAS : un outil « user-friendly » pour l'alignement texte/son. *In Actes de Degels 2012*, Grenoble, France.

Boutet, D., Martel, K., Blondel, M. (2012). Par où couper pour aller à la plage ? *In Actes de Degels 2012*, Grenoble, France.

Boutora, L., Braffort, A., Bertrand, R. (2011). Présentation et premiers résultats du défi d'annotation DEGELS2011 sur un corpus bilingue de français oral et de langue des signes. *In Actes de Degels 2011*, Montpellier, France.

Brentari, D., Wilbur, R. (2008). A cross-linguistic study of word segmentation in three sign languages, sign languages: spinning and unraveling the past, present and future. *Theoretical Issues in Sign Language Research Conference*, Florianopolis, Brazil, December 2006. Quadros (ed.). Editora Arara Azul. Petrópolis/RJ. Brazil.

Ferré, G. (2012). Critères de segmentation de la gestualité co-verbale. *In Actes de Degels 2012*, Grenoble, France.

Gonzales-Preciado, M. (2012). Un système de segmentation automatique de gestes appliqué à la Langue des Signes. *In Actes de Degels 2012*, Grenoble, France.

Hanke, T., Matthes, S., Regen, A., Storz, J., Worseck, S., Eliott, R., Glauert, J., Kennaway, R. (2011). Using timing information to improve the performance of avatars. *In Second International Workshop on Sign Language Translation and Avatar Technology (SLTAT)*,. Dundee, Scotland.

Hanke, T., Matthes, S., Regen A., Worseck S. (2012). Where Does a Sign Start and End?

Segmentation of Continuous Signing. *In Proceedings of LREC 2012 (Language Resources and Evaluation Conference) workshop RPSL (Representation and Processing of Sign Languages) : Interaction between Corpus and Lexicon.* Istanbul, Turkey.

JOHNSON, R. E., LIDDELL, S. K. (2011). A Segmental Framework for Representing Signs Phonetically. *Sign Language Studies* 11(3), pp.408-463. Washington: Gallaudet University Press

JOHNSTON, T. (2011). Auslan Corpus Annotation Guidelines, November 2011. http://www.auslan.org.au/video/upload/attachments/AuslanCorpusAnnotationGuidelines30November2011.pdf

KENDON, A. (2004). *Gesture: Visible Action as Utterance*. Cambridge: Cambridge University Press.

KITA, S., VAN GIJN, I., VAN DER HULST, H. (1998). Movement Phases in Signs and Co-speech Gestures, and Their Transcription by Human Coders. Gesture and Sign Language in Human-Computer Interaction, Lecture Notes in *Computer Science*, Vol. 1371/1998, 23-35.

LEFEBVRE-ALBARET, F., SEGOUAT, J. (2012). Influence de la segmentation temporelle sur la caractérisation de signes. *In Actes de Degels 2012*, Grenoble, France.

MCNEILL, D. (1992). *Hand and Mind: What gestures reveal about thought.* Chicago: The University of Chicago Press.

MCNEILL, D. (2005). *Gesture & thought.* Chicago: The University of Chicago Press.

MILLET, A., ESTÈVE, I. (2012). Segmenter et annoter le discours d'un locuteur de LSF : permanence formelle et variabilité fonctionnelle des unités. *In Actes de Degels 2012*, Grenoble, France.

TELLIER, M., AZAOUI, B., SAUBESTY, J. (2012). Segmentation et annotation du geste : Méthodologie pour travailler en équipe. *In Actes de Degels 2012*, Grenoble, France.

Critères de segmentation de la gestualité co-verbale

Gaëlle Ferré
LLING, Chemin de la Censive du Tertre, BP 81227, 44312 Nantes, cedex 3
`Gaelle.Ferre@univ-nantes.fr`

RÉSUMÉ

La gestualité suscite un intérêt croissant chez les linguistes qui s'intéressent au caractère multimodal de la structuration de l'information : modalité verbale, vocale et visuelle. Cependant, la prise en compte des informations visuelles passe nécessairement par une réflexion sur les unités gestuelles. Qu'est-ce qu'un geste ? Comment subdiviser le flux gestuel en unités discrètes ? Quel degré de finesse est nécessaire dans la segmentation des unités gestuelles pour permettre leur mise en relation avec les informations relevant d'autres modalités ? A partir du corpus DEGELS fourni par les organisatrices de cet atelier de réflexion, nous décrivons les critères adoptés pour l'annotation de la gestualité co-verbale ainsi que de la direction du regard des locuteurs.

ABSTRACT

Segmentation criteria for the annotation of co-speech gestures

Gesture has been arousing a growing interest in linguists who are attracted by the multimodality of information structuring, organized into the verbal, vocal and visual modes. Yet, in order for visual information to be taken into account, one has to consider gesture units. What is a gesture? How can the constant flood of movement be subdivided into discrete units? What degree of fineness is necessary in the segmentation of gesture units to put them into relationship with information in other modes? Drawing on the DEGELS corpus provided by the organizers of the workshop, we describe the criteria adopted in our practice for the annotation of co-speech gesture as well as gaze direction.

MOTS-CLÉS : Annotation, gestualité, segmentation, unités.
KEYWORDS : Annotation, gesture, segmentation, units.

1 Introduction

Si la multimodalité prend une part croissante dans les études linguistiques, les corpus annotés d'enregistrements vidéos, prenant en compte la gestualité co-verbale, restent encore assez peu nombreux à l'heure actuelle. Cela ne signifie pas cependant qu'une réflexion n'a pas été conduite sur l'annotation de ces phénomènes linguistiques, bien au contraire. L'annotation de la gestualité a fait l'objet d'une réflexion concertée ces dix dernières années, au cours de divers projets de recherche, et c'est le travail de réflexion mené au cours d'un de ces projets que je souhaiterais présenter ici, lui-même alimenté par une longue pratique de ce type d'annotation dans les recherches personnelles des divers participants au projet. Il s'agit du projet ANR OTIM (ANR-08-BLAN-0239), dont le but est la constitution d'un corpus de français spontané, annoté dans diverses modalités (verbale, avec des annotations discursives et syntaxiques ; vocale, avec des annotations prosodiques ; et visuelle, avec des annotations des gestes et des postures).

Nous nous intéresserons ici à l'annotation des gestes, et plus précisément à la segmentation des unités gestuelles qui constituent la base d'une annotation multimodale, et présenterons une annotation du corpus DEGELS construite à partir d'une adaptation du schéma d'encodage proposé dans OTIM pour le corpus CID (Bertrand et al., 2008). Cette adaptation a permis d'une part de répondre aux consignes de l'atelier dans le but de faciliter le partage d'informations, mais aussi de corriger certaines imperfections du schéma d'encodage initial.

Sur le corpus CID, comme sur le corpus DEGELS, les annotations ont été entièrement réalisées de manière manuelle sous ANVIL (Kipp, 2001), ce qui a un impact certain sur le type d'annotation réalisé : il est impossible de noter tous les micro-mouvements des locuteurs car cela prendrait un temps considérable, ni d'avoir la précision d'une annotation automatique. Le gain par rapport à l'annotation automatique est cependant de pouvoir faire des inférences et des mises en relation entre signifiant et signifié sur le plan linguistique, ce qu'aucune machine n'est en mesure de réaliser à présent. La moindre précision par rapport à l'annotation automatique ne signifie pas cependant une absence totale de critères formels pour la segmentation. Ce sont ces critères que je vais tenter de préciser ici, en abordant dans un premier temps les gestes manuels, puis les mouvements de tête, de la face et du buste, qui présentent leurs propres particularités, pour finir par la direction du regard.

2 Les gestes manuels

La première question qui se pose lors de l'annotation des gestes manuels concerne le type d'unité que l'on va annoter. Prenons l'exemple du mouvement réalisé par l'expérimentatrice – et interlocutrice – dans DEGELS (entre 0.15 et 0.16 s dans le corpus) et reproduit en séquence dans la figure 1 ci-dessous. Il apparaît clairement que la main droite de l'interlocutrice est soulevée de son appui sur la cuisse, puis reposée dans une position légèrement modifiée, qu'elle va conserver jusqu'à la fin de l'extrait.

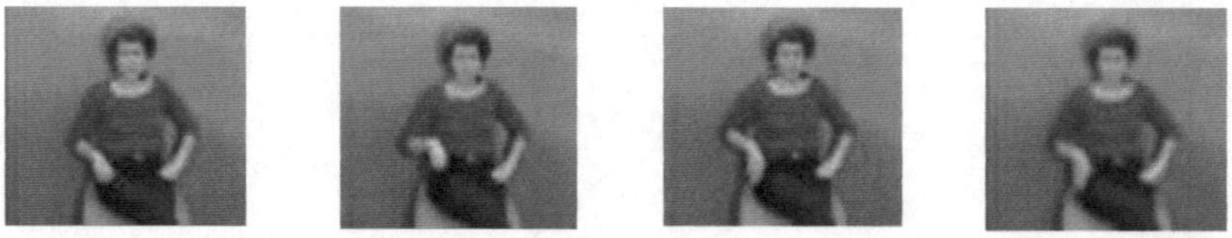

Figure 1 – Mouvement réalisé par l'expérimentatrice dans DEGELS.

Même si l'annotation s'est concentrée sur les gestes du locuteur et non sur ceux de l'interlocutrice, ce mouvement n'aurait de toute manière pas été annoté car il ne serait pas considéré comme un geste co-verbal, ni même comme un adaptateur (geste d'auto-contact[1]), mais plutôt comme un changement de posture. Ainsi, pour être considéré comme geste co-verbal, un mouvement doit-il répondre aux critères suivants :

- être perceptible par l'annotateur,

[1] Les adaptateurs ne sont pas des gestes co-verbaux, mais ont été néanmoins annotés dans le projet OTIM dans la mesure où ils fournissent des indications sur la régulation des tours de parole. Aucun adaptateur n'a été annoté dans DEGELS, car le locuteur principal n'en produit pas sur cet extrait.

- opérer un contraste,
- participer d'une intention de communication.

Cela signifie que des mouvements de très petite amplitude, opérés qui plus est de manière très progressive ne seront pas perçus comme gestes. De même, certains gestes peuvent avoir une très petite amplitude (comme le fait de pianoter avec les doigts) et l'on peut imaginer que pour un locuteur atteint de tremblement, le geste devra se démarquer du mouvement généré par le tremblement afin d'être perçu comme geste, et donc opérer un contraste. De plus, pour que deux gestes enchaînés puissent être démarqués, il doit y avoir un contraste dans au moins une des caractéristiques entre les deux gestes (configuration de la main, direction du mouvement, type de mouvement, etc). Pour certains types de geste comme les mouvements de la tête vers la gauche ou la droite par exemple, le contraste opéré doit également être limité dans le temps. En effet, si un locuteur tourne la tête pendant une certaine durée, le mouvement sera interprété plutôt comme un changement de posture que comme un geste. A ma connaissance, aucune durée n'a été déterminée pour ce type de geste et l'annotateur hésite parfois entre geste et changement de posture, bien que le cas ne ce soit pas présenté dans DEGELS. Enfin, le mouvement doit participer d'une intention de communication pour être classé comme geste et c'est ce qui manque dans le celui qui illustré dans la figure 1. On pourrait imaginer que le fait de soulever la main (non nécessaire pour déplacer la main sur la cuisse) relève d'une intention de communication (un geste ébauché mais inachevé), mais cela n'est qu'une supposition et en l'absence de certitude, le mouvement ne sera pas considéré comme geste.

2.1 Segmentation des gestes manuels

Lorsque les gestes manuels sont produits en isolation, la/les mains est/sont d'abord en position de repos (muscles détendus, mains posées sur les cuisses par exemple), comme c'est le cas dans la figure 2 ci-dessous. Dans cette figure, les mains sont au repos, sans aucun mouvement dans les deux premières images. Les doigts commencent à s'écarter dans la troisième image pour ébaucher le geste. Le début du geste est donc noté entre la deuxième et la troisième image, car étant donné la granularité vidéo (25 images par seconde), le geste a commencé légèrement avant la troisième image. Ceci a été décrit également dans Ferré (2011). Pour la fin du geste, la frontière se situe juste avant l'image de retour à la position de repos (ainsi, dans DEGELS, les phases de rétraction et de rebond décrites dans la section suivante ne comptent pas dans la 'phrase gestuelle', contrairement à la segmentation qui a été adoptée pour OTIM).

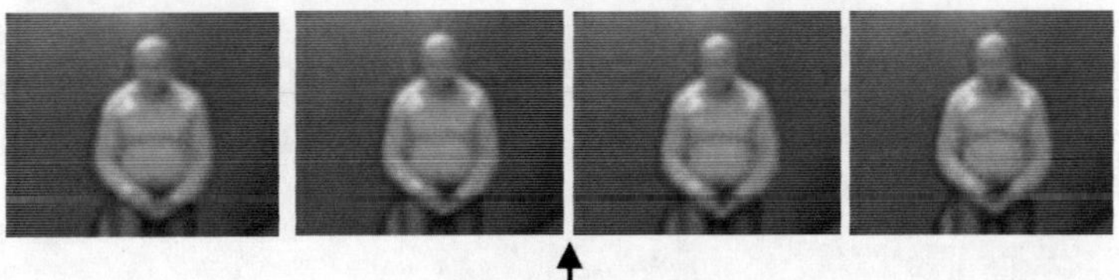

Figure 2 – Segmentation d'un geste depuis la position de repos.

La segmentation est différente lorsque deux gestes sont produits à la suite l'un de l'autre. Deux cas de figure se présentent alors : (a) le premier geste se termine par une tenue des mains et dans ce cas, la frontière entre les deux gestes est posée après la fin de la tenue du premier geste (voir la section suivante pour une définition de la tenue du geste), et (b) la fin du premier geste est une phase dynamique et la frontière est posée immédiatement avant l'image qui figure soit un changement de direction du mouvement, soit un changement de la configuration de la main.

Dans le fichier d'annotation que je propose pour DEGELS, cette segmentation correspond aux 'phrases gestuelles' proposées par Kendon (2004 : 111) en termes de segmentation, mais à la typologie de McNeill (1992, 2005) pour ce qui concerne le lien entre le type de geste et la parole pour chaque étiquette. La typologie distingue entre les gestes iconiques, métaphoriques, déictiques, les battements purs (voir la section suivante pour d'autres types de battement), les emblèmes, à laquelle nous avons ajouté les adaptateurs dans le projet OTIM. Cette relation du geste avec le verbal possède une certaine influence sur la segmentation pour certains types de gestes bi-manuels asymétriques. Nous avions déjà noté dans Ferré (2011 : 39) que deux gestes, réalisés avec les deux mains, peuvent être produits en chevauchement, et alors que l'une des deux mains place un référent du discours dans l'espace, la seconde main, qui figure un deuxième référent, effectue un déplacement par rapport à la première main. On comptera donc ici deux unités distinctes.

2.2 Les phases gestuelles

Toujours en suivant la segmentation de Kendon (2004 : 112), chaque geste est ensuite segmenté en différentes 'phases gestuelles'. Dans le fichier d'annotation, cela correspond nécessairement aux pistes primaires exigées dans les consignes car les pistes primaires doivent constituer les plus petites unités dans Anvil. Les phases qui ont été retenues sont : la préparation ('preparation', mise en place des articulateurs), la réalisation ('stroke' : partie dynamique du geste), la tenue ('hold', les mains restent en tension mais ne bougent pas), la rétraction totale ou partielle (rétraction totale : retour des mains à une position de repos ; rétraction partielle : les mains n'atteignent pas la position de repos), le rebond ('recoil', les mains peuvent avoir un léger rebond lorsqu'elles sont posées sur la cuisse par exemple). A ces phases déterminées par Kendon, nous avons ajouté dans OTIM le battement lorsqu'un battement est réalisé au cours d'un autre geste (le plus souvent pendant la tenue).

2.2.1 Préparation

Dans le cas où le geste est réalisé de manière isolée (où les articulateurs partent d'une position de repos), il peut compter une phase de préparation (mais elle n'est pas obligatoire) : parfois, pour un mouvement de la main vers le bas par exemple, il est nécessaire dans un premier temps de lever la main. C'est ce qui se produit dans DEGELS à plusieurs reprises, ainsi que l'illustre la figure 3.

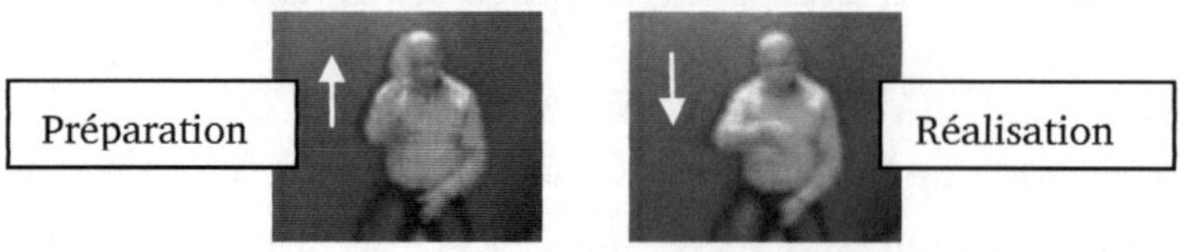

Figure 3 – Phases de préparation [image 1034] et de réalisation [image 1045] du geste (la flèche indique la direction du mouvement).

Ici, l'on voit que le locuteur commence par lever la main droite pour ensuite la descendre pour indiquer une direction située devant lui, légèrement à gauche. La frontière entre les deux phases se situe juste après l'image montrant l'extension maximale de la préparation. La distinction entre la phase de réalisation et la préparation suppose donc un changement de direction du mouvement pour ce type de geste mais cela n'est pas nécessairement le cas. Ainsi, par exemple, dans le geste produit entre les images 1962 et 2008 sur « la route qui monte vers Sormiou », la phase de préparation consiste à changer la configuration manuelle par rapport à celle du geste précédent et ce n'est que lorsque cette nouvelle configuration est adoptée que le locuteur commence à lever la main en un mouvement qui évoque une route sinueuse, ainsi que le montre la figure 4.

(a) (b) (c)

Figure 4 – (a) Fin du geste précédent [image 1962] ; (b) fin de la phase de préparation [image 1968] ; (c) fin de la phase de réalisation [image 1987].

2.2.2 Tenue et battement

La phase de tenue correspond à une séquence comprenant au moins deux images sans mouvement de la part du locuteur, mais où les mains sont toujours dans la configuration adoptée pour le geste. Cette phase peut intervenir avant et/ou après la phase de réalisation. Contrairement à Kendon, qui cite plusieurs auteurs, nous ne distinguons pas la tenue produite avant la réalisation ('prestroke hold') de celle produite après ('poststroke hold'), dans la mesure où cette phase peut se substituer à la réalisation dans les gestes 'statiques'. DEGELS n'offre aucun exemple de ce type de geste, mais au cours des annotations produites sur le CID, nous avons remarqué que certains gestes impliquent un mouvement des articulateurs dans leur phase pertinente de réalisation, alors que d'autres sont statiques. Ainsi, juste avant l'exemple donné en figure 5, les mains de la locutrice étaient posées sur ses cuisses, puis en disant « j'ai lu le résumé », la locutrice les soulève pour les placer dans la configuration illustrée (phase de préparation) et les laisse sans faire de mouvement avant de les reposer. On a donc dans ce geste une phase de préparation et une tenue mais pas de phase de réalisation.

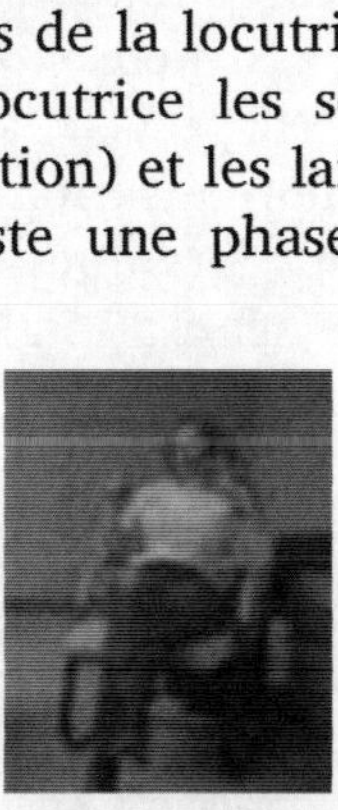

Figure 5 – Geste statique (tenu) sans phase de réalisation.

Enfin, l'on remarque dans les corpus de conversation spontanée, que la tenue du geste, lorsqu'elle est présente, n'est pas toujours tout à fait parfaite. Le locuteur peut avoir à certains moments de la tenue un très léger mouvement de l'ordre d'un centimètre. Il importe que ce mouvement ne soit pas rapide pour ne pas opérer un contraste et ne pas être compris comme un battement. Et précisément, lorsqu'un mouvement rapide vers l'avant, les côtés ou vers le bas est réalisé alors que les mains sont placées dans la configuration pour la phase de réalisation et que le type de geste n'implique pas ce type de mouvement dans son sémantisme[2], alors, le locuteur réalise un battement. Ce battement compte comme une phase du geste dans la mesure où il n'est pas réalisé pour lui-même mais au cœur d'un autre geste. En ce qui concerne la segmentation, la tenue commence juste avant l'arrêt du mouvement et s'achève juste après. C'est l'inverse pour le battement.

2.2.3 Réalisation

La phase de réalisation du geste est une phase dynamique qui apporte son sémantisme au mouvement. Elle n'est pas nécessairement précédée d'une phase de préparation, comme le montre la figure 6.

(a) (b)

Figure 6 – Deux gestes produits en séquence.

La figure 6 illustre deux gestes produits en séquence par le locuteur. 6(a) correspond au geste iconique qui accompagne « le rond-point du pouce » [image 1101, fin de la phase de réalisation] et 6(b) est la fin de la réalisation du geste métaphorique qui accompagne « avec le musée d'art euh » [image 1115]. Sitôt la configuration atteinte en 6(a), le locuteur effectue une rotation du poignet et une ouverture de la main pour atteindre la configuration en 6(b). Plusieurs interprétations sont possibles pour ce deuxième geste. On peut penser que l'aspect signifiant du geste est la tenue de la main paume ouverte orientée vers le haut (c'est le point de vue adopté par Kendon qui nomme ce type de geste 'Open Hand Supine' ou 'Palm up', op. cit. : 264, bien qu'il ne soit pas exactement certain qu'il s'agisse du même type de geste). Dans ce cas, le geste comporte une préparation et une tenue. Mais on peut aussi penser à l'instar de Kipp (2004 : 267, 'hand flip') que l'aspect signifiant du geste est précisément cette rotation du poignet et dans ce cas, la rotation constitue la phase de réalisation du geste. C'est le point de vue qui a été adopté ici et dans OTIM. On voit alors que le deuxième geste enchaîne directement sur le premier avec une phase de réalisation et la frontière se situe donc ici à l'image 1101.

2.2.4 Rétraction totale et partielle

La rétraction totale consiste à un retour à une position de repos (main pendante, posée

[2] On pense par exemple à un geste accompagnant un verbe de type « frapper » qui serait alors considéré comme un geste iconique, mimant l'action de frapper.

sur un accoudoir, sur les cuisses, etc.) c'est-à-dire une position qui n'implique aucune tension musculaire comme c'est le cas par exemple de la main gauche dans la figure 6(a), par rapport à 6(b) qui montre une légère ouverture de la main. Si la phase de réalisation consiste en un mouvement vers le bas et qu'il n'y a aucun changement de configuration manuelle entre la réalisation et la position de repos, alors il n'y a pas de phase de rétraction, celle-ci étant englobée dans la réalisation. Parfois, le locuteur initie un mouvement vers la position de repos, ou bien referme la main par exemple après l'avoir ouverte lors de la réalisation mais sans atteindre la position de repos et enchaîne ensuite immédiatement sur un autre geste, on compte alors une rétraction partielle.

2.2.5 Rebond

Le cas ne se présente pas dans DEGELS, mais il arrive que la main du locuteur ait un léger rebond lorsque la rétraction est rapide sur les cuisses du locuteur ou sur un accoudoir, par exemple. C'est une phase purement physiologique dans laquelle la main se soulève légèrement avant de retomber. La segmentation suit le principe adopté pour les autres phases : la frontière de début de l'unité est placée juste avant que la main se soulève et la frontière de fin est placée juste après que la main soit reposée.

2.3 Les unités gestuelles

A l'instar de Kendon (2004 : 111-124), nous distinguons une unité supérieure dans la hiérarchie des unités manuelles : les unités gestuelles ('gesture units'). Ceci constitue une adaptation par rapport au schéma d'encodage utilisé dans OTIM. Selon Kendon, (op. cit., p. 111), les unités gestuelles constituent des excursions de la / des main(s) du locuteur, basées en partie sur la segmentation des phrases gestuelles. Les étiquettes permettent de noter si les unités gestuelles sont réalisées avec une seule main, avec les deux mains, de manière symétrique ou asymétrique.

Figure 7 – Deux unités gestuelles distinctes mais de même nature.

Ainsi que le montre la figure 7, à deux reprises, le locuteur se touche le pouce en évoquant la « statue du pouce ». Les deux gestes impliquent les deux mains et constituent deux unités gestuelles distinctes dans la mesure où ils sont séparés par la rétraction partielle dont nous avons vu plus haut qu'elle ne faisait pas partie du geste.

Dans la figure 8 ci-dessous apparaissent également deux unités gestuelles distinctes, mais celles-ci sont cette fois de nature différente. Dans un premier temps, le locuteur enchaîne deux gestes bimanuels (déictique et métaphorique). Ces deux gestes constituent une seule unité dans la mesure où la main ne retourne pas à une position de repos entre les deux. Mais ensuite, le locuteur rétracte la main gauche (bien que la phase de rétraction ne fasse pas partie du geste) et continue la séquence avec un geste réalisé de la main droite. J'ai décidé que dans la mesure où le locuteur change de mode de gestualisation, alors il entame une nouvelle unité gestuelle.

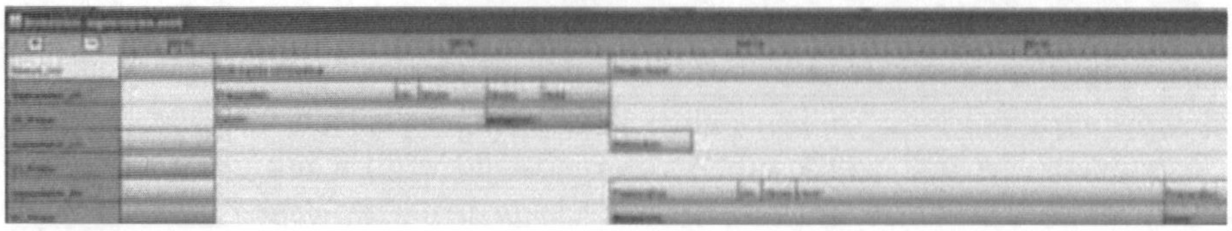

Figure 8 – Deux unités gestuelles distinctes de nature différente.

Un cas légèrement différent se présente dans la figure 9 ci-dessous. Le locuteur produit un geste iconique avec la main droite, qui compte comme une unité gestuelle sur la première tire. Puis il enchaîne directement avec un geste métaphorique réalisé également avec la main droite (dernière tire sur la figure). On pourrait donc penser que ce métaphorique fait partie de la même unité gestuelle que le geste iconique. Cependant, pendant la production de ce second geste, un léger métaphorique est produit avec la main gauche du locuteur (piste 5), en chevauchement avec le métaphorique produit par la main droite. Ces légers écartements de la main gauche ne me semblent pas faire partie des gestes produits avec la main droite et passent d'ailleurs relativement inaperçus puisqu'ils n'avaient pas été notés lors de la première édition de l'atelier. Ici, dans la mesure où les deux mains réalisent chacune des gestes en chevauchement, on peut compter une unité gestuelle dans laquelle les deux mains fonctionnent de manière asymétrique.

Figure 9 – Deux mains asymétriques.

En résumé, ce qui compte pour la segmentation des unités gestuelles est : (a) la fin d'une phrase gestuelle qui n'enchaîne pas directement sur une autre phrase gestuelle, et (b) un changement de mode de gestualisation (passage d'un geste à une seule main à un geste bimanuel et vice versa, ou passage d'un geste bimanuel symétrique à un geste bimanuel asymétrique et vice versa).

3 Les gestes non manuels

Les gestes non manuels sont beaucoup plus simples à annoter dans le schéma d'encodage proposé ici, dans la mesure où il ne possède qu'un seul niveau hiérarchique. En effet, alors que les gestes manuels sont annotés en termes d'unités gestuelles, elles-mêmes décomposées en phrases gestuelles, à leur tour décomposées en phases gestuelles, le tout formant trois pistes d'annotation (multipliées pour les phrases et les phases par le fait que le geste est bimanuel, réalisé avec la main gauche ou réalisé avec la main droite), les gestes non manuels ne sont décrits que sur une seule piste.

3.1 La tête

En ce qui concerne la tête, il faut distinguer les gestes des changements de posture. L'annotation repose sur le principe que la posture de repos par défaut est lorsque la tête est orientée dans l'alignement du corps du locuteur, sans tension au niveau du cou. Tout mouvement par rapport à cette position de repos peut être interprété comme un changement de posture ou comme un geste. Un changement de posture implique qu'une fois la nouvelle posture adoptée, la tête ne bouge plus. En revanche, aucune durée n'a été déterminée dans OTIM pour distinguer entre geste et changement de posture. Parmi les gestes, on compte les 'nods' (acquiescements) et les 'shakes' (gestes de négation). Mais aussi, les 'tilts' (inclinaisons de la tête sur le côté), les 'pointings' (pointages du menton), les 'jerks' (rejets de la tête vers l'arrière) et les 'beats' (mouvements du menton vers le bas sans valeur d'acquiescement). Le principe de segmentation adopté est le même que pour les gestes manuels : le geste commence juste avant l'image où la tête quitte la position de repos, et s'arrête juste après le retour à la position de repos. La précision est cependant moins grande que pour les gestes manuels dans la mesure où (a) certains gestes de la tête ont une très petite amplitude et, tout en étant perceptibles lorsque la vidéo défile à vitesse réelle, deviennent difficiles à distinguer de la position de repos dans l'annotation image par image, et (b) la position de repos n'est pas elle-même définie au pixel près.

3.2 Les sourcils

Ekman et al. (2002) ont répertorié dans leur guide d'annotation des mouvements de la face un grand nombre de mouvements des sourcils. Dans OTIM et DEGELS, cependant, seules deux positions ont été retenues 'raising' (sourcils haussés) et 'frowning' (sourcils froncés). Ceci s'explique par le type de corpus utilisés : il s'agit de corpus de type conversationnel à faible charge émotionnelle, dans lesquels le visage des locuteurs n'est pas filmé en gros plan. Cette absence de gros plan rend difficile l'annotation fine de mouvements de faible amplitude, mais les différents mouvements relevés par Ekman et al. ne sont pas non plus fréquents sur ce type de corpus où la charge émotionnelle des locuteurs est faible. Une étude des émotions exigerait de travailler sur un tout autre type de corpus. En d'autres termes, pour un travail sur le lien entre le verbal et le non-verbal hors émotions, les deux valeurs sont amplement suffisantes. La segmentation des mouvements des sourcils repose sur les principes adoptés pour la tête sans la distinction posture / geste. La position par défaut (non annotée) correspond à celle de la figure 10(a). En 10(b), le locuteur hausse les sourcils et en 10(c), c'est l'interlocutrice qui fronce les sourcils.

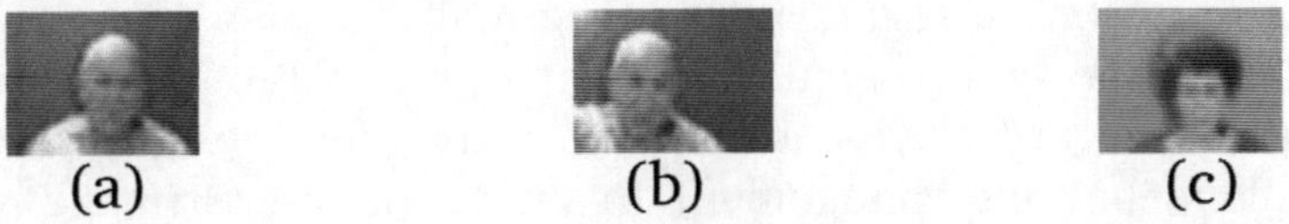

Figure 10 – Mouvements des sourcils. (a) Position de repos ; (b) sourcils haussés ; (c) sourcils froncés.

La segmentation dans Anvil se fait comme pour la tête juste avant le début du mouvement pour l'onset et juste après la fin du mouvement pour l'offset. Les mouvements des sourcils présentent cependant une particularité que ne présentent pas les mouvements de tête : à l'instar des sourires (annotés en partie dans OTIM, mais pas dans DEGELS), le début des mouvements des sourcils est facile à identifier car les sourcils passent très rapidement de la position de repos à la position haute ou basse. En revanche, le retour à la position de repos se fait le plus souvent de manière très progressive et la fin de la segmentation est donc plus difficile à repérer et donc moins précise.

3.3 Le buste

Beaucoup plus complexe dans OTIM, l'annotation des mouvements du buste a été limitée dans DEGELS à deux valeurs 'forwards' (vers l'avant) et 'backwards' (vers l'arrière), le locuteur changeant relativement peu de posture dans ce court enregistrement. Le principe de segmentation est une fois encore identique à celui des autres niveaux : le début de chaque étiquette est fixé juste avant le début du mouvement et la fin des étiquettes juste après le retour à la position de repos. La position de repos est lorsque le locuteur se tient droit, le dos appuyé sur le dossier du siège, sans pression perceptible. Il se penche vers l'avant lorsque son dos décolle du siège et vers l'arrière lorsqu'une pression sur le dossier et un recul des épaules est perceptible. DEGELS présente un avantage pour l'annotation des mouvements du buste par rapport au CID, le corpus utilisé dans OTIM : la vue de profil permet de mieux appréhender les mouvements vers l'avant ou vers l'arrière du buste.

4 Le regard

L'annotation de la direction du regard comporte deux types d'information. Certaines informations sont d'ordre interactionnel : regard vers l'interlocuteur, regard vers une partie du corps du locuteur (pointage du regard : nous avons vu l'an dernier dans l'atelier DEGELS 2011 que le regard peut instancier un geste manuel et constituer un pointage). D'autres informations ne sont pas d'ordre interactionnel : sur le côté (à droite, à gauche), en haut / en bas (à droite, à gauche). Les changements d'orientation du regard sont le plus souvent accompagnés d'une fermeture des paupières. La segmentation se fait donc juste avant la réouverture des paupières pour le début de chaque étiquette et juste après la première image de fermeture des paupières pour la fin de chaque étiquette. Les fermetures des paupières n'ont pas été annotées dans DEGELS mais est prévue dans le schéma d'encodage d'OTIM. Dans DEGELS, lorsque le regard est orienté vers le bas, il n'est pas toujours possible de savoir si les paupières sont ouvertes ou fermées (c'est le cas notamment sur tout le début de l'enregistrement). Dans ce cas, l'annotation de la direction du regard n'a pas été réalisée. Il en a été de même lorsque les paupières du locuteur sont presque closes et que la direction du regard est alors incertaine. Lorsque le regard change de direction sans fermeture des paupières, nous avons segmenté le début du changement avant la première image sur laquelle il s'affiche. Il est certain que lors d'un changement de direction du regard, celui-ci effectue un changement progressif avant d'atteindre la nouvelle direction. Cependant, nous avons choisi de ne pas annoter cette mise en place du regard en raison de la pénibilité que présente cette annotation par rapport à l'annotation des autres types de mouvement. Pour finir, il est important de noter que ce type d'annotation ne permet de noter que la direction du regard et non ce que perçoit effectivement le participant ou ce sur quoi il se concentre.

L'ensemble des critères de segmentation des gestes est repris dans la Table 1 ci-dessous.

Critères formels	Perception		Segmentation
Toute unité gestuelle	Mouvement perceptible par l'annotateur Contraste avec ce qui précède et ce qui suit Intention de communication		Début : image précédant le début du mouvement Fin : image précédant le retour au repos ou le changement de direction ou de configuration de la main
Gestes manuels	**Segmentation**		
Phases	**Préparation**	Mise en place des articulateurs	
	Tenue	Absence de mouvement de la/des main(s) dans la configuration utilisée lors de la réalisation	
	Battement	Mouvement rapide vers l'avant, les côtés ou vers le bas est réalisé alors que les mains sont placées dans la configuration pour la phase de réalisation	
	Réalisation	Phase dynamique qui apporte son sémantisme au mouvement	
	Rétraction	**Totale**	Retour à la position de repos
		Partielle	Mouvement vers la position de repos sans que celle-ci soit atteinte
	Rebond	Après le retour au repos, la main se soulève légèrement en rebondissant sur un objet ou une partie du corps	
Phrases	Unités sémantiques qui commence à la préparation et se termine après la réalisation ou la tenue en excluant la rétraction		
Unités	Excursions de la / des main(s) du locuteur sans retour à la position de repos ou sans changement de mode (1 main vs. 2 mains par exemple)		

Gestes non manuels	Tête	Sourcils	Buste	Regard
	Une seule unité (pas de subdivision) répondant aux critères formels			

TABLE 1 –Critères de segmentation des gestes manuels et non manuels du corpus DEGELS.

5 Conclusion

Les critères de segmentation de la gestualité co-verbale que nous avons présentés ici – et qui ont pour objet l'annotation du corpus DEGELS – s'inscrivent dans ce que Boutet (2008 : 82) nomme un 'repérage axial' (haut/bas, gauche/droite) et présentent donc une précision moindre par rapport au 'repérage polaire' décrit dans le même article. Ce type de segmentation correspond cependant mieux aux besoins de l'analyse de l'interaction conversationnelle définis dans le projet OTIM dont il s'inspire. Une segmentation de type morphologique ou même des mesures très précises réalisées avec des systèmes de capture de mouvement apportent une information si dense qu'il peut être difficile parfois de la mettre en relation avec des actes discursifs.

L'annotation présente une segmentation hiérarchique des gestes manuels, organisée autour de trois types d'étiquette, basés sur les travaux de Kendon (2004) et McNeill (1992, 2005) : les 'unités gestuelles' sont formées par les déplacements des mains ou des doigts sans retour à la position de repos. Nous distinguons également des gestes produits avec une seule main de ceux produits avec deux mains, de manière symétrique (les deux mains réalisent une seule unité gestuelle) ou asymétrique (chaque main réalise une unité gestuelle différente de manière plus ou moins simultanée). Ces unités gestuelles se décomposent en une ou plusieurs 'phrases gestuelles' dont le sémantisme se distingue des autres, ainsi que leurs caractéristiques formelles telles que la direction du mouvement, la configuration de la main, etc. Enfin, les phrases gestuelles sont elles-mêmes décomposées en 'phases gestuelles' où l'on distingue la partie pertinente du geste (qui lui donne son sémantisme) des phases de mise en place et de rétraction des articulateurs ou encore de leur tenue.

Les gestes non manuels tels que les mouvements de tête, des sourcils et du buste ont également été présentés ici. Leur segmentation est moins complexe – en termes de hiérarchie – que celle des gestes manuels puisque seul l'équivalent des 'phrases gestuelles' est annoté. Il est important cependant de savoir que le principe de segmentation (à quelle image débute et se termine l'unité) adopté pour les gestes non manuels est strictement identique à celui qui a été adopté pour les gestes manuels.

Enfin, la segmentation de la direction du regard des locuteurs a également été présentée, avec ses difficultés particulières et notamment le fait qu'elle est dépendante de l'ouverture des paupières contrairement aux autres annotations sur ce type de corpus.

Pour finir cet article, il me semble que la démarche de mise en commun des pratiques d'annotation et de segmentation proposée par l'atelier DEGELS est très important pour la communauté des gestualistes en France car elle n'a pas été effectuée jusque-là et il est extrêmement difficile d'établir un dialogue entre les chercheurs d'une communauté sans un minimum de partage des principes de base de l'annotation qui pourront plus tard être transmis aux jeunes chercheurs.

BERTRAND, R., et al. (2008). Le CID - Corpus of Interactional Data - Annotation et Exploitation Multimodale de Parole Conversationnelle. *TAL* 49, pages 105-133.

BOUTET, D. (2008). Une Morphologie De La Gestualité : Structuration Articulaire, *Cahiers De Linguistique Analogique* 5, pages 80-115.

EKMAN, P., FRIESEN, W. V et HAGER, J. C. (2002). The Facial Action Coding System (2nd ed.). http://www.face-and-emotion.com/dataface/facs/manual/TitlePage.html.

FERRÉ, G. (2011). Annotation multimodale du français parlé. Le cas des pointages. In *Proceedings of TALN - Atelier Degels*, Montpellier, 1er juillet 2011, pages 29-43.

KENDON, A. (2004). *Gesture. Visible Action as Utterance*. CUP, Cambridge.

KIPP, M. (2001). Anvil - A Generic Annotation Tool for Multimodal Dialogue. In *Proceedings of 7th European Conference on Speech Communication and Technology (Eurospeech)*, Aalborg, Denmark, pages 1367-1370.

KIPP, M. (2004) *Gesture Generation by Imitation - From Human Behavior to Computer Character Animation*. Boca Raton, Florida.

MCNEILL, D. (1992). *Hand and Mind : What Gestures Reveal about Thought*. The University of Chicago Press, Chicago and London.

MCNEILL, D. (2005). *Gesture & Thought*. The University of Chicago Press, Chicago and London.

Par où couper pour aller à la plage ?

Dominique Boutet,[1] *Karine Martel,*[2]*Marion Blondel*[1]
(1) SFL, CNRS-Paris8, 59 rue Pouchet, 75017 Paris
(2) Laboratoire PALM (EA4659) Université de Caen Basse-Normandie, Esplanade de la Paix, 14032 Caen cedex
dominique_jean.boutet@orange.fr, karine.martel@unicaen.fr, marion.blondel@sfl.cnrs.fr

RÉSUMÉ

La multimodalité représente un véritable défi pour le traitement du langage, particulièrement quand on s'intéresse à la question de la segmentation du discours dialogique généré simultanément à travers les canaux vocaux et gestuels. Cette étude porte sur les gestes de pointages manuels employés par un locuteur entendant lors d'une tâche d'explication d'un itinéraire. Les auteurs examinent successivement les questions suivantes : quels sont les critères formels pertinents pour segmenter et identifier le bornage relatif aux unités gestuelles ? Quels sont les critères les plus appropriés pour annoter le signal vocal ? Quel est le degré de granularité le plus pertinent pour rendre compte de l'interaction éventuelle entre les gestes manuels et vocaux ? Ils fournissent une description et une annotation de ces gestes de pointage à l'aide du logiciel ELAN et proposent une approche *bottom-up* pour segmenter et catégoriser les tronçons pertinents, alors que les précédentes études ont associé la plupart du temps des critères formels et fonctionnels dans un cadre *top-down*.

ABSTRACT

Where do you switch to get the band?

Multimodality is a challenge to natural language processing, especially if one is interested in finding out how one should segment a dialogic discourse generated through vocal and gestural channels simultaneously. This paper focuses on the manual pointing gestures a hearing speaker uses while performing a map task. We will successively address the following issues: which formal criteria are relevant in segmenting and identifying terminals for gestural units? Likewise, what criteria can we suggest as appropriate to the prosodic vocal flow? Which degree of granularity is the more relevant to account for the potential interaction between vocal and manual 'gestures'? We not only provide a description and an annotation of these pointing gestures with the ELAN tool; we also claim for a bottom-up design for segmenting and categorizing the relevant chunks, while previous studies have usually mixed formal and functional criteria in a top-down strategy.

MOTS-CLÉS : segmentation, multimodalité, alignement, modèle d'annotations
KEYWORDS : segmentation, multimodality, alignment, template for annotations

1 Introduction

A quel niveau de l'analyse doit-on situer la multimodalité que l'on veut étudier ? Autrement dit, un constat fait de manière unanime, à savoir la multimodalité des phénomènes de sens, peut-il infuser l'analyse et jusqu'où ? La segmentation des unités constitue la première phase d'extraction des données d'un corpus et ne devrait subir aucune influence des objectifs de la recherche qu'elle permettra, faute de quoi elle enclencherait un processus circulaire. Les segments obtenus, et empruntant des modalités variées, peuvent-ils être simplement mis en présence, et ce indépendamment de leur inclusion dans une modalité spécifique, au seul motif qu'ils apparaissent en même temps ? On gagnerait certainement à explorer au préalable le sens à attribuer à chaque unité au sein de sa modalité et de la sémiose qui l'accompagne. Au fond, pour étudier la multimodalité, il faut choisir entre la recherche sur plusieurs modalités des traits qui composent un sens *a priori* (démarche *top down*), ou bien la recherche du sens qui émerge d'un ensemble d'unités multimodales dans une construction sémiotique d'unités, elles-mêmes porteuses de sens (démarche *bottom up*).

Nous examinerons ici quelques modes de segmentation qui amènent des questionnements quant au statut des unités -- gestuelles en particulier, mais également prosodiques vocales -- et des rapports qu'elles entretiennent avec la modalité verbale au niveau segmental. Il s'agit moins ici de pointer telle ou telle dysharmonie que d'essayer d'en extraire une démarche réflexive.

2 On segmente en référence à quoi ?

Un segment a une valeur sémiologique, certes mais par rapport à quoi ? Autrement dit, il nous faut comprendre si le lien entre le segment et ce par rapport à quoi il existe, est proprement référentiel (mis dans cette modalité pour quelque chose venant d'ailleurs) ou bien s'il est plus différentiel (émergence d'unités par différence dans la même modalité). Nous souhaitons retenir la conception sémiologique différentialiste pour de simples raisons méthodologiques de stabilisation des unités à considérer : si des unités gestuelles et prosodiques existent en tant que telles et montrent une extension trans-langagière, alors leur stabilisation ne peut dépendre entièrement d'une conception référentielle le plus souvent verbale et co-occurrente.

2.1 Selon la modalité

Deux types de segmentation peuvent être envisagés, celui d'une segmentation faite en référence à la modalité vocale-verbale co-occurrente ou co-présente, ou bien celui d'une segmentation en rapport avec la même modalité gestuelle. Autrement dit, la question posée est la suivante : segmente-t-on la gestualité en fonction d'un fait externe ou d'un fait interne ? La réponse à cette question loin d'être univoque révèle des chemins tortueux. Cette question de la référence ultime qui dirige la segmentation oriente y compris les discours tenus autour des phénomènes gestuels.

La difficulté de mettre en correspondance un alignement temporel entre le vocal-verbal et les gestes co-occurrents ne laisse que très peu d'espoir d'établir une relation biunivoque entre ce que véhiculent le canal gestuel et le contenu vocal-verbal. On doit donc s'en remettre aux détours d'un alignement strict. Le découpage proposé par Kendon (Kendon 1972), largement repris (Kendon 1980; McNeill 1992 ; Guidetti 2002 ; Colletta et al. 2009 ; Ferré et al. 2007), dont certains se sont inspirés (Allwood, J. et al. 2004), que d'autres ont complété (Bressem 1998) ou ont précisé (Kita, van Gijn & van der Hulst 1998) est basé sur des caractéristiques proprement gestuelles. Il correspond bien au deuxième type de segmentation. L'emboîtement des entités gestuelles en *Phrases*, puis *Phases* et *Unités* augure bien d'un découpage en référence à la seule modalité gestuelle. Pourtant, malgré ce découpage, l'alignement entre des unités constituées pour les modalités gestuelle et verbale constitue un point aveugle des recherches sur la gestualité (McNeill & Duncan 2000 ; Quek et al. 2002). Les objectifs des études mettant en œuvre l'annotation des gestes tournent très majoritairement autour des rapports entretenus entre les deux canaux du point de vue de la sémiose (Kendon 1988), de l'interaction (Mondada 2009), de l'origine du langage (Kendon 1991 ; Corballis 2002) ou de la cognition (McNeill 1992 ; Rizzolatti & Arbib 1998). Nous différencions bien les objectifs d'une annotation mettant en présence le vocal-verbal et la gestualité co-expressive, de la référence par rapport à laquelle on segmente la gestualité. Cette dernière segmentation gagne même à être indépendante de ce avec quoi elle sera mise en relation. Les conditions d'une étude convenable de la réalité des interactions entre modalités exigent même que les segmentations d'unités soient effectuées pour elles-mêmes, chacune dans leur modalité ; l'alignement ou le quasi-alignement temporel servant de lieu d'interactions. On l'aura compris, le risque sinon est de créer les conditions d'une analyse asymétrique assujettissant la gestualité à la verbalité. Tant qu'il s'agit de la même modalité (par exemple pour les langues des signes, désormais LS), il n'y a finalement que la recherche d'assignation de formes à une fonction ou à un sens. Légitime au sein d'une même modalité, cette démarche pose un questionnement méthodologique majeur dès lors qu'on souhaite aborder les situations/les événements sur un plan transmodal. On accrocherait artificiellement une segmentation d'un canal à une catégorisation d'un autre canal dont on ne connaît pas le domaine d'extension et l'empan que couvre chaque segment. On l'a vu, les modalités de segmentation largement en vigueur dans la gestualité évite cet écueil. Pour autant, la segmentation de la gestualité est-elle exempte de toute contamination du canal vocal-verbal ? Dans les faits, la partie signifiante de l'unité gestuelle, le *stroke,* est définie par McNeill comme le pic de l'effort du geste. C'est pendant cette phase que la signification du geste est exprimée (McNeill 1992:83 et 375–376). Il ajoute que cette phase de *stroke* est synchronisée avec les segments langagiers avec lesquels il est co-expressif. Ainsi deux traits définitoires — kinésique et sémantique — délimitent cette phase des autres (la préparation ou la rétraction). Kita *et al* commentent d'ailleurs ce point en disant que le *stroke* se définit autant formellement que fonctionnellement (Kita, van Gijn & van der Hulst 1998 : 27). Ainsi, la part sémantique de la segmentation gestuelle repose-t-elle sur une connaissance langagière verbale *a priori*. Quand bien même des précautions seraient prises à l'instar de ce qui se passe pour les LS (la lemmatisation, Johnston 2008), on n'a pas actuellement, pour la gestualité, de lexique établi sur la base duquel on pourrait procéder à une segmentation. Le passage entre phases gestuelles (préparation, stroke, rétraction), autrement dit la segmentation de la gestualité même, est donc en partie tributaire de traits sémantiques de la modalité verbale.

Nous n'aborderons pas ici l'autre manière de segmenter très en rapport avec un étiquetage verbal, parce que ce procédé est désormais très marginal.

Un raisonnement implicite sous-tend les remarques précédentes : la segmentation ne pouvant être faite qu'en fonction de critères, dans l'absolu il faut que ceux-ci relèvent du même support que celui qu'on segmente. La mise en parallèle de phénomènes relevant de modalités différentes ressort plutôt d'un niveau d'analyse que de celui de la segmentation. Mettre en place cette référence transmodale dès la segmentation revient à forcer l'analyse dans le sens d'une asymétrie : la gestualité ne peut alors qu'être dépendante du canal vocal-verbal

2.2 Selon le type de catégories

La segmentation peut dépendre de plusieurs types de catégories : fonctionnelle, formelle (discussion sur quelques définitions formelles du pointage, Wilkins 2003), sémantique (discussion par Povinelli, Bering & Giambrone 2003 sur la forme du pointage et sa signification chez le chimpanzé, mais aussi Calbris 1990).

Un découpage en rapport avec une distinction fonctionnelle tel que les déictiques/anaphoriques verbaux peut montrer une différenciation sur la gestuelle (Kendon & Versante 2003 : 134). Les déictiques pourraient répondre à des gestes de pointage dans l'espace (situés), tandis que les pointages à valeur anaphorique répondraient à des déplacements ou des directions axiales (antériorité, postériorité sur une « ligne discursive »). C'est en tout cas l'hypothèse que nous avons formulée (Boutet et al. 2011 : 18). On peut aussi postuler que la gestualité présente cette distinction entre des déictiques renvoyant à un espace situé et à des pointages plus anaphoriques (pointages abstraits pour McNeill 1992 : 173) en rapport avec ce qui a été déposé gestuellement dans l'espace discursif. Cette distinction linguistique serait ainsi transférable sur des phénomènes gestuels. C'est ce type de transfert que nous essayons de valider ici sur la gestualité. 61% des anaphores verbales du corpus sont précédées par un geste de pointage relevant d'un mouvement secondaire (mouvement non aligné avec le vecteur général du pointage principal). 72% de ces mouvements sont faits en aller-retour et parallèlement, 68% des mouvements en aller-retour sont associées à des anaphores verbales. On a bien ici une utilisation préférentielle de mouvements en aller-retour non alignés avec le vecteur principal du pointage, mouvements qui déterminent ainsi un pointage secondaire marquant des anaphores verbales.

Un autre type de découpage permet de segmenter en fonction d'éléments formels, qu'ils soient ou non du même canal. La difficulté essentielle provient alors de la quasi absence de système de transcription adapté aux LS (à l'exception d'Hamnosys, Hanke 2004), ou à la gestualité. Nous n'insisterons pas sur ce point (Boutet & Garcia 2006 : 33) qui constitue pourtant un obstacle majeur à une annotation lemmatisable pour les LS par exemple (pour une exception voir Johnston 2008). Selon une approche formelle dans un cadre transmodal, une des grandes difficultés de la segmentation consiste à trouver un tempo commun entre les unités gestuelles et les unités verbales et vocales (Quek et al. 2002). Ces battements par minute ou par seconde (tempo) doivent être communs au canal voco-verbal et au canal gestuel, en l'absence de connaissances sur l'organisation exacte du sens pour la gestualité. En effet, ne connaissant pas le contenu sémantique de ce que l'on mesure exactement, il faut se donner la même jauge pour pouvoir le faire. Les phénomènes formels voco-verbaux sont d'une durée très brève, de l'ordre de 200 millièmes de seconde, or il n'y a pas actuellement de moyen simple et direct de procéder à un découpage labellisé de cet ordre de durée pour la gestualité (*Cf. supra* absence de système de transcription). Pour ce corpus, nous avons procédé à une segmentation progressive (voir *infra*) d'une piste « Phase Geste » reprenant les catégories de Kendon, en passant par une piste segmentant les « directions du pointage », pour segmenter encore les mouvements de chaque main lors des pointages. Pour ces mouvements, nous arrivons à une durée moyenne équivalente à celle des mots du corpus (M : 0,22s), comme le montre le tableau (1).

Entrée de la piste MvtMD (nbre)	Durée moyenne des annotations en s.
FLEXION (26)	0,218
A-R FLEXION (13)	0,292
EXTENSION (26)	0,229
A-R EXTENSION (5)	0,261
ABDUCTION (27)	0,209
A-R ABDUCTION (11)	0,420
ADDUCTION (25)	0,217
A-R ADDUCTION (6)	0,290

TABLEAU 1 – Durée moyenne par mouvement (*A-R* pour *aller-retour*)

Les seules catégories formelles relativement 'étiquetables' relèvent *i/* de l'espace, *ii/*de critères physiques (vitesse, accélération, segments physiologiques), *iii/* de critères s'apparentant à du verbal et provenant des LS (paramètres tels que la configuration, l'emplacement, l'orientation, le mouvement). Nous avons choisi de recourir à des critères relevant de l'espace (*i/*) et des aspects physique et physiologique (*ii/*). Ainsi le mouvement et la direction constituent un critère formel retenu pour la main. Ce codage se fait sur une matrice physiologique selon deux degrés de liberté (Flexion/Extension et Abduction/Adduction pour plus de détails voir Boutet 2008). En outre, afin de préciser la forme du pointage, nous avons eu recours à une analyse débouchant sur une définition formelle du pointage. Pour cela nous avons découplé l'alignement, le mouvement et la directionnalité dans les pointages (Boutet et al. 2011:16 et 17).

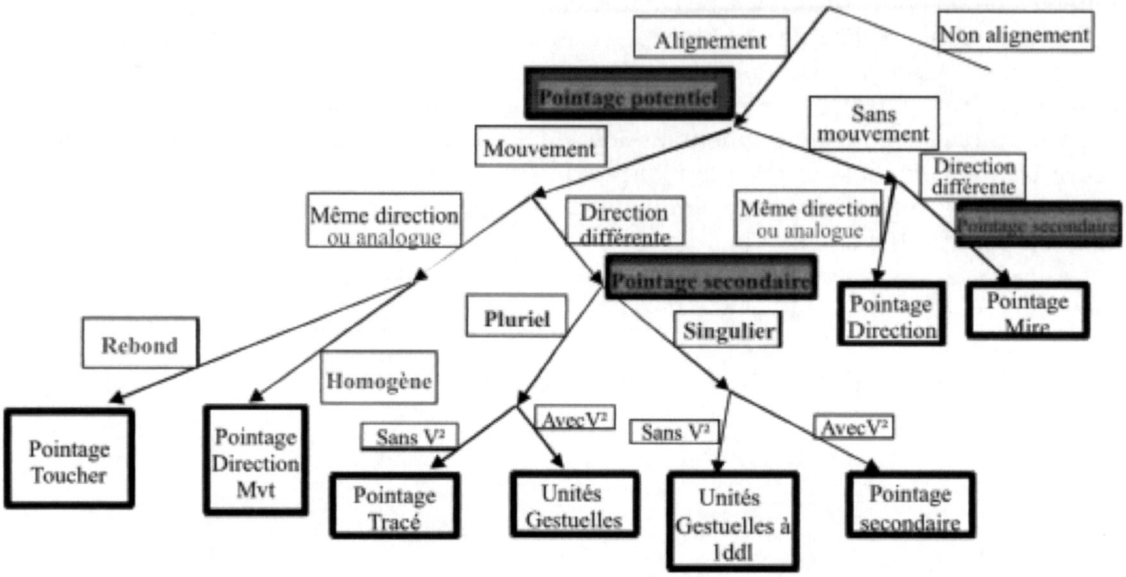

Figure 1-Arbre de décision des paramètres du pointage

Cette opération nous a permis, d'une part, d'inclure bon nombre de pointages gestuels qui n'ont pas une forme canonique (index étendu, les autres doigts étant repliés) tels que des conformations de doigts tous étendus et collés ou bien un pouce étendu les autres doigts repliés et, d'autre part, de prendre en compte, en tant qu'instance de pointage, des directions de mouvements qui ne sont pourtant pas parallèles à l'alignement des segments ('direction différente' dans le schéma de la figure 1).

Le pointage est alors défini comme l'alignement d'au moins trois segments adjacents distaux (première disjonction dans le schéma). La direction des mouvements associés aux pointages marquent la différence entre des pointages que l'on a considérés comme principaux — même direction que l'alignement — et d'autres secondaires qui interviennent en sus de pointages principaux ou d'Unités Gestuelles lorsque la direction ne correspond pas à l'alignement. Ces distinctions se retrouvent dans la typologie formelle mise en place pour le pointage, illustrées ci-dessous :

Figure-2 Pointage Direction 00:49.285	Figure-3 Pointage Mire 01:06.000	Figure-4 Pointage Tracé 00:31.559	Figure-5 Pointage Dir.Mouv. 00:21.508	Figure-6 Pointage Toucher 00:18.000

- Pointage Direction : alignement d'au moins 3 segments adjacents distaux sans mouvement (exemple Figure-2, Time code 00 49 285)
- Pointage Mire : alignements segmentaux sans mouvement dont la direction est donnée par le vecteur du regard, *marqué* par l'extrémité du pointage (exemple Figure-3, Time code 0106 000)
- Pointage Tracé : alignements segmentaux avec au moins un mouvement de direction différente de l'alignement, ici le traçage d'un cercle fait sur un plan horizontal (exemple Figure-4, Time code 00 31 559).
- Pointage Direction/Mouvement : alignements segmentaux, avec un mouvement de même direction que l'alignement (exemple Figure-5, Time code 00 21 508).
- PointageToucher : alignements segmentaux avec un mouvement en aller-retour de même direction que l'alignement et dont le point de rebroussement présente un rebond (exemple Figure-6, Time code 00 18 000).

Le bornage de ces catégories n'est pas toujours facile et le passage d'un pointage à l'autre s'exerce parfois sans que l'on puisse aisément les distinguer. Toutefois, avant même de considérer le bornage, les catégories de pointage présentées ici relèvent de distinctions formelles. On notera pourtant que la catégorisation formelle qui débouche sur une typologie de pointages a des répercussions fonctionnelles : référence ponctuelle vers un locus par le pointage toucher ; pointage mire associant le regard indiquant un lieu distant à atteindre marqué de manière homologue par la distance entre la main portant le pointage et les yeux ; délimitation d'une zone par le pointage Tracé ; valeur présentative/constative pour le pointage directionnel sans mouvement associant plusieurs doigts dans l'alignement. Enfin, on l'a vu les pointages secondaires sont fortement représentés à proximité des anaphores verbales co-occurrentes.

Parallèlement à ce travail d'annotation des pointages, un codage prosodique a été initié. Il s'agit pour l'heure d'une première tentative qui s'appuie sur le découpage du signal brut et qui consiste à relever différents aspects d'un point de vue formel. Premièrement, on a noté la nature du contour intonatif (CI) des groupes de souffle (en l'occurrence des énoncés complets), à partir d'une typologie d'intonèmes limitée, inspirée par les travaux de Rossi (1999) et qui comprend des contours simples unidirectionnels tels que les contours Plat, Montant ou Descendant et des contours multidirectionnels enchainant 2 contours simples ou plus, comme Montant-Descendant, Descendant-Montant-Descendant, etc. Deuxièmement, on a noté la durée de ces groupes de souffle (en ms), ainsi que celle des syllabes pénultième (l'avant dernière syllabe du dernier mot quand celui-ci n'est pas monosyllabique) et finale (la syllabe finale étant marquée en français par un allongement et/ou un pic de la fréquence fondamentale de la voix qui porte la structure accentuelle). Troisièmement, on a noté la fréquence maximum au cours de chaque énoncé (en Hz). Quatrièmement, on a noté le nombre de syllabes par groupe de souffle.

Ce découpage est réalisé à l'aide du logiciel d'analyse et de transcription phonétique Praat (Boersma & Weeninck 2012). Les objectifs visés, sont d'une part, de décrire les phénomènes observés en termes de gestes vocaux -- les contours intonatifs marqués par des progressions plus ou moins amples dans des plages fréquentielles aigues ou graves, peuvent en effet être considérés comme des gestes – et d'autre part, de croiser *a posteriori* les deux types de segmentation : gestuel et vocal-verbal, en évitant la « contamination » évoquée plus haut.

3 On borne en vertu de quel(s) critère(s) ?

3.1 Doit-on définir une segmentation sur la base de contenus ou de bornages ?

La réponse est d'emblée une segmentation en fonction d'un contenu. Toutefois, certains critères de bornage glissent parfois vers un critère relevant du contenu. Ainsi pour la piste « Phase Geste », le mouvement est utilisé comme critère de bornage : tant que ça bouge on compte une même séquence (Kendon 2004 : 112 ; Mcneill 1992 : 376). Lorsque ça ne bouge plus ou de manière différente, on arrête et la séquence est bornée en *sortie* tandis qu'une nouvelle borne *d'entrée* lui est jointive. Ceci permet de différencier le passage entre « Stroke » et « Tenue », « Stroke » et « Rétraction » dans la piste « Phase Geste ». Mais ce bornage ne dit rien des raisons du passage entre « Préparation » et « Stroke ». Un autre critère permet de décider quel élément catégoriel va être utilisé après la borne, il s'agit de la présence/absence d'un geste ayant une signification. Ces deux critères, l'un fonctionnel portant sur le contenu du segment (*«'expression' of the gesture »*, Kendon 2004 : 112) et l'autre formel bornant par le mouvement général se complètent sans être de même nature. Que clôt réellement le bornage ? Un changement perceptible dans le mouvement. Certes, mais parfois le changement opère sur le bras avant qu'il n'affecte la main, qui elle est encore dans la partie signifiante du geste. La coarticulation est en jeu ici et elle donne lieu à des études plutôt par le versant informatique (Kipp, Neff & Albrecht 2007, Segouat 2009, Ojala, Salakoski & Aaltonen 2009). Les bornes sortantes et entrantes ne sont donc pas toujours jointives. Ce fait ne relève pas d'un simple problème de temps à moyenner. Le membre supérieur a, d'une part, une densité qui lui permet d'exprimer encore une chose ici et déjà rien, voire autre chose, sur une autre partie, au même moment et, d'autre part, il possède plusieurs degrés de liberté par partie (doigts, main, avant-bras, bras) susceptibles d'être investis par diverses 'expressions' au même moment (pour l'expressivité du pointage voir Kendon & Versante 2003 : 134 *sq.* ; pour la LSF à un niveau formel, voir Boutet & Garcia 2007 : 106). Les pointages secondaires en sont une bonne illustration dans la mesure où des micromouvements sur les doigts sont sans impact sur la main ou l'avant-bras.

Même pour des critères de bornage identiques et *a priori* jointifs (la borne sortante d'une catégorie correspond à la borne entrante dans une autre), la densité et les possibilités de mouvement du membre supérieur rendent plus qu'improbable la pertinence d'une seule piste pour coder les phases des gestes (plus de 32 degrés de liberté par membre supérieur). Il en faudrait plusieurs pour rendre compte de l'entrecroisement des Unités Gestuelles et sortir de la limitation qu'impose de fait la linéarité vocale à la gestualité coverbale. Nous avons choisi ici d'annoter les mouvements *au niveau de* la main et de ne coder que certains degrés de liberté (flexion/extension et abduction/adduction dans la piste « Mvt Main »). La pronosupination n'a pas été codée, mais, par contre, des mouvements redevables de l'avant-bras ou du bras et ayant une répercussion directionnelle sur la main au titre de l'un des deux degrés de liberté signalés ont bien été pris en compte. Un mouvement proximal/distal par rapport à l'alignement ont également fait l'objet d'annotation. A l'assujettissement du canal de la gestualité au canal vocal/verbal pour des raisons de contenus, comme nous l'avons vu au-dessus, s'ajoute un écrasement des multiples possibilités simultanées gestuelles au profit de la prise en considération d'un seul phénomène gestuel à la fois.

Le critère de mise en mouvement non significative qui permet de caractériser la phase de « préparation » exclut pourtant à cet endroit tous les mouvements qui sont de fait jugés comme non pertinents dans l'unité gestuelle. Ainsi les mouvements que nous avons qualifiés de secondaires et qui pour les pointages sont perpendiculaires au vecteur principal que constitue l'alignement (index, alignement doigts-paume voire avant-bras) ne sont pas pris en compte dans la segmentation de McNeill. Ceci est dû à une segmentation mixte entre contenu et bornage. Ainsi, parmi ces mouvements perpendiculaires à l'alignement, seuls les Pointages Tracés qui dessinent les ronds-points successifs dans le corpus sont retenus comme gestes iconiques matinés de pointage, ils ne sont pas retenus en vertu de la présence de mouvements successifs perpendiculaires, mais à cause du contenu qu'ils délimitent. Ce type d'approche sélectionne des contenus gestuels mais ne s'interroge guère sur les conditions formelles d'émergence de ces contenus.

3.2 Granularité de la segmentation : repérage et segmentation

Nous avons vu que ne considérer qu'une seule piste pour rendre compte de phénomènes gestuels revenait à considérer que la main portait avant tout des caractéristiques fonctionnelles ou sémantiques holistiques (continuum 4 "*Global &Synthetic*" McNeill 2005:10–11). Si la solution réside *a priori* dans la multiplication des pistes, une question subsiste : peut-on se contenter de segmenter de façon parallèle (avec des pistes totalement indépendantes) lorsqu'on segmente très finement ? A l'instar de ce que préconisent Kendon et McNeill, il semble qu'on ait besoin d'un repérage préalable, avec des unités segmentées pouvant servir de repères, autrement dit certaines pistes peuvent aussi servir de cadre de référence à d'autres. Il s'agit d'un jeu entre bornes et segment. Une première segmentation (par exemple sur la forme des pointages) permet de repérer des unités qui peuvent être segmentées elles-mêmes en unités de mouvements associés. C'est le cas ici de la piste « Forme Pointage » qui sert de repère à une autre piste « Mvt » qui permet d'affiner la segmentation. C'est aussi le cas entre les pistes « Forme Pointage » et « Type Pointage ». Ainsi pour la piste « Forme Pointage » entre 01 :10 : 200 et 01 : 12 : 200, on a un seul segment qualifié de 'phalangedospaumeavant-bras' décomposé en trois segments — 'direction', 'direction/mouvement' et 'direction' — sur la piste enfant « Type Pointage ». Cette décomposition n'est pas très productive dans le corpus, puisque sur 99 segments de la piste « Forme Pointage », seuls 5 d'entre eux sont décomposés dans la piste « Type pointage ». On peut dire ici que l'approche formelle est très productive et correspond environ à 95% à un découpage fonctionnel.

On trouve ce même type de segmentations en cascade pour d'autres pistes. Toujours à partir de la piste « Forme Pointage MD », et pour les mêmes 99 segments dans le corpus, on trouve 196 segments pour la piste « Mvt MD ». 40 % des segments de la piste parent « Forme Pointage » sont subdivisés entre 2 et 9 segments. En outre, la piste « Direction Mvt MD », qui reprend et précise de manière égocentrée[1] les directions des mouvements de la piste allocentrée[2] « Mvt MD », présente 240 segments. Elle subdivise 56% des segments de la piste « Forme Pointage » entre 2 et 14 segments.

Il eut été difficile de segmenter à ce point ce corpus sans s'appuyer sur une pré-segmentation. Celle-ci commence d'ailleurs dès la piste « Phase Geste ».

La granularité (ou le tempo) à laquelle on arrive pour la piste « Mvt Md » (Moyenne des segments 0,28 s) est équivalente à celle de la piste « *Word* » (Moyenne 0,22 s), comme cela a été dit plus haut. Toutefois, pour la modalité gestuelle, il a fallu 3 pistes avec des segmentations successives tandis que la segmentation vocale-verbale est automatique à partir d'une piste de transcription orthographique pour la modalité vocale (utilisation d'EasyAlign).

En continuité avec ce qui a été dit, dans la section concernant le bornage, à propos de la difficulté de situer précisément les limites de la pertinence d'un geste (articulation Préparation-Stroke-Enchaînement-Stroke-Rétraction), 25% des « Enchaînements » donnent lieu à un pointage. Dans la même idée, 18% des 11 segments « Préparation » sensés ne contenir aucun geste signifiant contiennent pourtant une forme de pointage. On voit ici, d'une part, la difficulté à considérer ce qui est significatif dans un geste, et, d'autre part, la nécessité de multiplier le nombre de pistes à même de croiser l'information.

---

[1] L'espace et en particulier ici les directions des mouvements sont appréciés en fonction d'un cadre de référence dans lequel le corps du locuteur constitue l'élément organisateur. Les directions *avant*, *arrière*, *haut*, *bas*, *gauche* et *droite* dépendent bien de la position du corps.

[2] Ce type de cadre de référence dépend ici des possibilités articulatoires de chaque segment. Le nombre de directions dépend donc du nombre et de la géométrie que les degrés de liberté imposent pour chaque segment.

4 Schéma d'annotation

En fonction des réflexions présentées ci-dessus, nous avons établi un schéma d'annotation qui respecte le principe, sinon la lettre, des problématiques référentielles de la segmentation ainsi que de celles des catégories visées par cette segmentation. A ce titre, le choix délibéré d'une segmentation formelle sous-tend l'ensemble des pistes. En vue du partage de la segmentation, les catégories classiques de segmentation de la gestualité coverbale proposés par Kendon ont été mises en œuvre en même temps qu'en question (de façon réduite ici à la piste « Phase geste »). Toutes les pistes qui ont pu être l'objet d'un vocabulaire contrôlé en ont été systématiquement dotées. Le nombre de grands articulateurs de la gestualité a été traité selon trois instances : *main droite, main gauche* et *deux mains*. Les pistes afférentes ont toutes été démultipliées en fonction. Enfin la part gestuelle et la part vocale ont été annotées en plus d'une transcription orthographique et d'une décomposition phonologique.

4.1 Détails des pistes

En dehors de la piste « Phase geste » dont on a parlé précédemment, trois pistes *filles* lui ont été associées : « Forme pointage », « Type pointage » et « Mvt ». Tout d'abord, la piste « Forme pointage » a donné lieu à une description générique des configurations manuelles redevables d'un pointage. Quatre items s'en dégagent : premièrement l'item *canonique*, pour lequel l'index est totalement étendu les autres doigts étant repliés dans le poing ; deuxièmement, l'item *phalangesalignées*, pour lequel on remarque au moins un alignement des trois phalanges digitales, quel que soit le doigt (selon la définition que nous avons proposée pour le pointage en section 2.2) ; troisièmement, l'item *phalangesdospaume*, pour lequel le dos de la paume s'ajoute à l'alignement distal; enfin l'item *phalangesdospaumeavant-bras*, qui prolonge l'alignement. La raison essentielle à ces distinctions réside dans les différences d'implications possibles du locuteur dans le pointage. La deuxième piste fille est « Type pointage » pour laquelle cinq items ont été présentés et développés dans la dernière partie de la section 2.2. Pour la troisième et dernière piste fille appelé « Mvt », il s'agit de donner les directions des mouvements associées au geste candidat pour être des pointages. Ces directions sont allocentrées sur la main et seront d'ailleurs exprimées par les degrés de liberté de la main (à l'exception de la prono-supination) et par deux directions d'un vecteur reprenant l'alignement du pointage [proximal *vs* distal]. Nous avons distingué pour chacun de ces items deux instances possibles, soit le *mouvement simple* et le *mouvement en aller-retour*.

Cette dernière piste « Mvt » reprend les mouvements, y compris les plus furtifs, au niveau de la main. Comme nous l'avons dit plus haut, ces mouvements sont notés selon un cadre de référence allocentré, c'est-à-dire, d'une part, qu'on ne situe pas la position de la main selon un repérage égocentré (avant, arrière, gauche, droite, haut ou bas) et, d'autre part, qu'on resitue les mouvements en fonction des possibilités de mouvement de la main et au niveau de celle-ci. L'hypothèse ici est que des mouvements peuvent prendre leur sens sur le substrat qui les génère. Ceci répond à un principe évoqué plus haut de non assujettissement d'une modalité par une autre et de proximité référentielle de la segmentation. On segmente des mouvements de la main au plus près des possibilités de la main et non par rapport à un espace dans lequel elle se meut. La situation des mouvements dans un repère cartésien, tout comme l'équation qui préside à une courbe dans un plan ou un tracé dans l'espace, constitue un dessin d'une fonction ou d'une signification qu'il reste à mettre en équation. Si le dessin présente un intérêt évident, si un repérage permet de l'orienter et de le situer par rapport à un autre, on ne peut tout de même pas confier la segmentation au seul repérage dans un espace qui constitue avant tout une étendue en l'absence de laquelle il n'y aurait simplement pas de tracé possible. L'espace égocentré est un support dont les axes hiérarchisent certaines informations. Il est important d'en relever l'organisation et de l'extraire. Pour autant, on doit également segmenter en fonction d'autres cadres de référence plus proches des segments qui bougent. Ceci n'empêche pas que l'égocentration constitue un véritable lieu d'organisation, notamment référentiel.

A ce titre, deux pistes filles de la piste « Mvt » situent l'alignement et le mouvement dans un cadre égocentré : la piste « Direction alignement » et la piste « Direction mouvement ». Ces deux pistes partagent le même vocabulaire contrôlé d'orientation composé de 27 items qui reprennent des directions simples (les six faces d'un cube), et des directions composées précisant pour chaque face vers quelle diagonale l'alignement pointe ou la paume s'oriente. On a également adjoint un item '*sans*' (direction particulière). Ainsi, en plus d'une segmentation du mouvement au niveau de la main selon un cadre centré sur la main (allocentré), on a noté les changements d'orientation de la paume. Ces deux informations ne sont pas homologues, puisqu'on peut avoir une orientation vers l'avant de la paume avec un mouvement d'adduction sans que l'orientation vers l'avant ne s'en trouve modifiée. Ces deux types d'informations complémentaires permettent de vérifier notamment si les pointages secondaires relèvent d'une organisation égocentrée ou non.

Au niveau vocal, le codage initié représente une première ébauche de travail. Celui-ci consiste en un travail de segmentation du flux sonore qui s'appuie sur des unités intonatives potentiellement applicables à des énoncés qui n'ont pas le même degré de complexité (dont la structure syntaxique peut varier) et d'achèvement (qui peuvent être des phrases interrompues). Un premier objectif est de mettre les temps forts du codage vocal en regard avec les configurations et mouvements manuels privilégiés dans ce travail (flexion/extension et abduction/adduction) et de découvrir quels sont les liens fonctionnels entre gestes et paroles. Un second est de raffiner ces points d'articulations et la qualité des indices de codage. Il ne s'agit pas encore d'objectiver la difficulté à caractériser les principes de bornage des unités prosodiques. Nous nous focalisons d'abord sur la nature du contour intonatif des énoncés (forme globale, pic de fréquence fondamentale, et pattern final correspondant au dernier segment du contour i.e. *similaire au contour global* dans le cas des contours simples et *descendant* ou *autre* dans le cas des contours complexes ou multidirectionnels). Le contour intonatif est considéré comme un objet prosodique saillant (et par conséquent la première piste explorée) nécessairement rattaché à un versant fonctionnel, qui peut être appréhendé selon une première alternative. Soit il apparaît que les unités intonatives désignées plus haut et les *Formes, Types de pointages* et *Mouvements* convergent, au sein d'un processus de segmentation du flux verbal, en unités discursives à l'origine de l'organisation de l'interaction et de la mise en œuvre de la structure informative. Soit il apparaît qu'une telle convergence est d'abord la trace d'une synchronisation rythmique sur le plan moteur en réponse à un contexte informationnel. Au total 37 contours on été répertoriés dont 17 contours simples et 20 contours multidirectionnels.

4.2 Tableau synthétique des critères de segmentation ventilés par piste

Critères / Pistes	Type seg.	Bornage	Alignement	Déport	Complétude	Dépendance
Phase Geste	Mixte : formel/ fonctionnel	Exclusif	Sur data manuel	Temps (*stroke*)	Complet	Aucune sauf *stroke* vers le verbal
Forme pointage	Formel	Exclusif	Sur data manuel	Aucun	Partiel (pointages)	Aucune
Type pointage	Formel	Exclusif	Sur data manuel	Aucun	Partiel (pointages)	Aucune
Mvt	Multiple : formel (allocentré)	Non Exclusif (en fait exclusif)	Sur data manuel	Lieu (sur la main)	Partiel (pointages)	Aucune
Direction alignement	Multiple : formel (allocentré, Mvt)	Exclusif	Sur annotations, Mvt, manuel	Lieu (sur la main)	Partiel (pointages)	Avec Mvt bornage externe segments
Direction mouvement	Multiple : formel (allocentré, Mvt)	Exclusif	Sur annotations Mvt, manuel	Lieu (sur la main)	Partiel (pointages)	Avec Mvt bornage externe segments
Ortho	Formel	Non exclusif en interne	Non aligné	Aucun	Complet	Aucune
Words	Formel	Exclusif	Sur data et annotations (Ortho)	Aucun	Complet	Avec Ortho

			automatique			
Phono	Formel	Exclusif	Sur data et annotations (Words) automatique	Aucun	Complet	Avec Words
Phones	Formel	Exclusif	Sur data et annotations (Phono) automatique	Aucun	Complet	Avec Phono
CI	Formel	Exclusif...	Sur data	-	-	-
Pic F0	avec CI	-	Sur data	-	-	-

5 Conclusion

En conclusion, il apparaît que l'étude de la multimodalité nous confronte à un nombre de principes/questions méthodologiques important, même lorsque l'on revient à un niveau de segmentation épuré. *Multimodalité* signifie regroupement de canaux, de formes, de fonctions d'expression qui entrent en interaction, en synergie pour aboutir à la fabrication du sens, mais qui s'amalgament de telle manière, que l'on n'a pas encore réussi à mettre au point un véritable outil de visualisation de ce fonctionnement ou système.

Dans cette étude, en partant des questions essentielles telles que celle de l'origine de la segmentation, de la délimitation des critères de segmentation et de la granularité de la segmentation, nous proposons une première 'batterie' ou grille d'indices propres à la modalité gestuelle dont les prolongements sont orientés vers la compréhension du déroulement de l'interaction (avec les planification et réalisation éventuelles de configuration de gestes ?) et l'articulation des aspects vocaux.

ALLWOOD, J., CERRATO, L., DYBKJAER, L., JOKINEN, K., NAVARRETTA, C. et PAGGIO, P., éditeurs (2004). The MUMIN multimodal codingscheme. Proc. Workshop on Multimodal Corpora and Annotation.

BOERSMA, P. et WEENINK, D. (2012). Praat: doing phonetics by computer (Version 5.1). www.praat.org, 2012.

BOUTET, D. (2008). Une morphologie de la gestualité : structuration articulaire. *Cahiers de linguistique analogique, n°5*. (Abell), pages 80–115.

BOUTET, D.,BLONDEL, M.,CAËT, S., BEAUPOIL, P. et MORGENSTERN. A. (2011). Tu pointes ou tu tires ?! Annotation sous ELAN des pointages d'un 'entendant vocalo-gestualisant'. Actes du premier Défi Geste Langue des Signes, 15–27. Montpellier: TALN.

BOUTET, D.et GARCIA, B. (2006). Finalités et enjeux linguistiques d'une formalisation graphique de la langue des signes française (LSF). *Glottopol*(7), pages 32–52.

BOUTET, D.et GARCIA, B.. (2007). Compositionnalité morphophonétique de la langue des signes française (LSF) et exploration des relations structurales entre paramètres. *TAL* 48-3. Modélisation et traitement des langues des signes, pages 93–114.

BRESSEM, J. (1998). *Notatinggestures–Proposal for a formbased notation system of coverbalgestures*. Manuskript.

CALBRIS, G.(1990). *The Semiotics of French Gestures*. Advances in semiotics. Bloomington: Indiana UniversityPress.

COLLETTA, J-M., KUNENE, R.,VENOUIL, A.,KAUFMANN, V.etSIMON, J-P. (2009). Multimodal Corpora, Multi-track Annotation of Child Language andGestures. vol. 5509, pages54–72. (Lecture Notes in Computer Science). Springer Berlin / Heidelberg. http://www.springerlink.com.gate3.inist.fr/content/h02381708g7804k4/abstract/ (26 mars, 2012).

CORBALLIS, M. C. (2002). *From Hand to Mouth: The Origins of Language*. Princeton: Princeton UniversityPress.

FERRÉ, G., BERTRAND,R.,BLACHE, P.,ESPESSER, R.,et RAUZY, S.(2007). Intensive Gestures in French and their Multimodal Correlates. *Interspeech, Antwerp*, pages 690–693. Antwerp, Belgium. http://hal.archives-ouvertes.fr/index.php?halsid=1iq62kdrg2ngdrnfcgs27vdli2&view_this_doc=hal-00173729&version=1 (21 janvier, 2012).

GUIDETTI, M. (2002). The emergence of pragmatics: forms and functions of conventionalgestures in young French children. *First Language* 22(3), pages 265 –285. doi:10.1177/014272370202206603 (18 janvier, 2012).

HANKE, T. (2004). HamNoSys—Representingsignlanguage data in languageresources and languageprocessingcontexts. *Workshop on the Representation and Processing of SignLanguages on the occasion of the Fourth International Conference on LanguageResources and Evaluation*, 1–6. Lisbon: ELDA.

JOHNSTON, T. (2008). Corpus linguistics and signedlanguages: no lemmata, no corpus. *3rd Workshop on the Representation and Processing of SignLanguages*, pages 82–88. OnnoCrasborn, Eleni Efthimiou, Thomas Hanke, Ernst D. Thoutenhoofd, Inge Zwitserlood.

KENDON, A. (1972). Somerelationshipsbetween body motion and speech. *Studies in dyadic communication*, pages177–210. PergamonPress. New York: Siegman, A., Pope, B.

KENDON, A. (1980). Gesticulation and Speech: Two Aspects of the Process of Utterance. *The Relation Between Verbal and Nonverbal Communication*, pages 207–227. Mouton. The Hague: Key, M. R.

KENDON, A. (1988). How Gestures Can BecomelikeWords. *Cross-Cultural Perspective in Nonverbal Communication*, pages 131–141. C.J. Hogrefe. Toronto□; Lewiston, N.Y.: Fernando Poyatos.

KENDON, A.(1991). SomeConsiderations for a Theory of LanguageOrigins. *Man* 26(2). (New Series), pages 199–221. (5 mars, 2010).

KENDON, A.(2004). *Gesture: Visible Action asUtterance*. Cambridge: Cambridge UniversityPress.

KENDON, A.etVERSANTE, L. (2003). Pointing by hand in « Neapolitan ». *PointingWhereLanguage, Culture, and Cognition Meet*, pages 109–138. Lawrence Erlbaum Associates Publishers. Mahwah, London: Kita, Sotaro.

KIPP, M., NEFF, M. et ALBRECHT, I.(2007). An annotation scheme for conversationalgestures: how to economically capture timing and form. *LanguageResources and Evaluation* 41(3), pages325–339. doi:10.1007/s10579-007-9053-5 (26 mars, 2012).

KITA, S., GIJN, I.van,etHULST, H.G. van der. (1998). Movement Phases en Signs and Co-speech Gestures, and Their Transcription by HumanCoders. vol. 1371, pages23–35. (Lecture Notes in Computer Science). Springer Berlin / Heidelberg. http://www.springerlink.com/content/4w673515335h6703/abstract/ (26 mars, 2012).

MCNEILL, D.(1992). *Hand and mind □: whatgesturesreveal about thought*. Chicago□; London: University of Chicago press.

MCNEILL, D.(2005). *Gesture and thought*. Chicago (Ill.)□; London: University of Chicago Press.

MCNEILL, D.etDUNCAN, S. (2000). Growth Points in Thinking-for-Speaking. *Language and gesture*, 141–161. Cambridge UniversityPress. (Language, Culture & Cognition). Cambridge: David McNeill.

MONDADA, L. (2009). Emergent focused interactions in public places: A systematicanalysis of the multimodal achievement of a commoninteractionalspace. *Journal of Pragmatics* 41(10), pages1977–1997. doi:10.1016/j.pragma.2008.09.019 (29 mars, 2012).

OJALA, S., SALAKOSKI, T.etAALTONEN, O. (2009). Coarticulation in sign and speech. *NEALT PROCEEDINGS SERIES*, vol. 6, pages21–24. Odense Denmark: Costanza Navarretta Patrizia Paggio Jens Allwood Elisabeth AlsénYasuhiroKatagiri.

POVINELLI, D., BERINGET, J.M.,GIAMBRONE. (2003). Cimpanzees' « Pointing »:AnotherError of the Argument by analogy? *PointingWhereLanguage, Culture, and Cognition Meet*, pages 35–68. Lawrence ErlbaumAssiociates. Mahwah, London: Sotaro Kita.

QUEK, F., MCNEILL, D.,BRYLL, R.,DUNCAN,S., MA, X-F., KIRBAS, C., MCCULLOUGHK.E. et ANSARI, R. (2002). Multimodal humandiscourse: gesture and speech. *ACM Trans. Comput.-Hum. Interact.* 9(3), pages171–193. doi:10.1145/568513.568514 (26 mars, 2012).

RIZZOLATTI, G. etARBIB. M.A.(1998). Languagewithinourgrasp. *Trends in Neurosciences* 21(5), pages188–194. doi:10.1016/S0166-2236(98)01260-0.

ROSSI, M. (1999). *L'intonation_: le système du français*. Paris_: Ophrys.

SEGOUAT, J. (2009). A Study of SignLanguage Coarticulation. *SIGACCESS Newsletter*Accessibility and Computing(Issue 93), pages 31–38.

WILKINS, D. (2003). WhyPointingWith the Index Finger Is Not a Universal. *Pointing Where Language, Culture, and Cognition Meet*, pages 171–216. Lawrence Erlbaum Associates. Mahwah, London: Kita, Sotaro.

Segmentation et annotation du geste : Méthodologie pour travailler en équipe

Marion Tellier[1], *Brahim Azaoui*[2], *Jorane Saubesty*[1]
(1) LPL, UMR 7309, Université d'Aix-Marseille, France
(2) DIPRALANG, EA 739, Université Paul Valery, Montpellier III, France
marion.tellier@lpl-aix.fr, brahim.azaoui@etu.univ-montp3.fr, jorane.saubesty@gmail.fr

RÉSUMÉ

Dans cet article, nous proposons de décrire notre méthodologie de segmentation et d'annotation des gestes coverbaux. Nous avons travaillé en équipe de 3 gestualistes, ce qui nous a demandé à la fois de trouver une méthode pour coordonner notre travail, une méthode d'évaluation de l'accord inter-juge et une méthode d'annotation et de segmentation du geste qui fasse consensus. Le présent article a pour vocation d'expliciter notre démarche de travail afin de la partager avec la communauté de chercheurs travaillant sur le geste coverbal.

ABSTRACT

Gesture segmentation and coding: a methodology for team working

In this paper we intend to describe our methodology for segmenting and coding co-speech gestures. Working as a team of 3 gesture researchers required to find a method to coordinate our work, another to evaluate the inter-rater agreement, and a last one to code and segment the gestures that would bring about consensus. This paper aims at making our approach clear so as to share it with the community of co-speech gesture researchers.

MOTS-CLÉS : segmentation, annotation, geste coverbal, méthode
KEYWORDS: segmentation, coding, co-speech gesture, methodology

1 Constitution de l'équipe et organisation du travail

1.1 Répartition du travail

Nous avons travaillé en équipe de 3. Lors de la précédente édition DEGELS, Tellier, Bigi et Guardiola (2011) avaient travaillé en équipe mais chacune annotait une modalité différente en fonction de ses compétences, il s'agissait donc d'une équipe à compétences complémentaires. Pour l'édition 2012, l'équipe est composée de 3 gestualistes. Nous allons présenter ici à la fois la méthodologie de l'annotation mais également une méthodologie de travail en équipe. Cette dernière a été construite ad hoc et présente probablement des imperfections. L'annotation gestuelle en équipe étant relativement rare car très coûteuse en temps, aucun d'entre nous ne l'avait réellement expérimentée auparavant. Nous partagerons donc ici le fruit de cette démarche.

Les délais étant très courts, il a été proposé aux annotateurs un fichier Elan avec un template imposé et contenant déjà les phrases gestuelles (c'est-à-dire les différentes étiquettes où un geste est produit) sur la base de l'annotation de Tellier *et al.* (2011). Les annotateurs devaient tout d'abord vérifier que ces phrases étaient bien alignées dans le temps sinon les modifier. Chaque annotateur devait ensuite :

1. Annoter la manualité (Handedness)
2. Annoter les phases du geste
3. Annoter les dimensions du geste
4. Indiquer dans une piste « notes » les problèmes ou doutes rencontrés

Les trois premiers gestes avaient déjà été annotés par l'annotateur 1 (A1) pour montrer l'exemple de la marche à suivre. Les annotations ont été réalisées en aveugle, c'est-à-dire sans voir les annotations des autres membres de l'équipe. Les trois annotateurs (A1, A2 et A3) étant éloignés géographiquement ou peu disponibles en même temps, le travail post-annotation s'est fait à distance et de manière asynchrone. Les fichiers et les instructions étaient sauvegardés dans un dossier partagé sur Dropbox, l'ensemble était coordonné par l'A1.

Nous avons travaillé en suivant les consignes de cet atelier mais également selon nos propres besoins en utilisant nos typologies habituelles et en annotant les aspects qui sont pertinents pour nous. Les termes utilisés pour l'annotation sont souvent en anglais, par habitude de travail et parce que la communauté des gestualistes utilise majoritairement l'anglais dans ses échanges et publications.

1.2 Schéma de codage

1.2.1 Template

Les deux pistes concernant la transcription verbale (une par locuteur) ont été fournies aux annotateurs. Elles s'appellent TOE_LocA et TOE-LocB puisqu'elles sont transcrites suivant les conventions de la TOE (voir Tellier *et al.*, 2011). La parole du locuteur B (masculin) a été tokenisée (en items lexicaux) automatiquement.

Le schéma de codage pour les aspects gestuels est présenté dans la Figure 1, les vocabulaires contrôlés sont listés dans les rectangles jaunes. Pour chaque phrase gestuelle, l'annotateur devait indiquer la manualité dans la piste [Handedness]. Cette piste, une tier enfant en *symbolic association*, dans la terminologie Elan, est dépendante de la piste [Gesture_Phrase], ce qui signifie que les bornes de l'annotation sont strictement les mêmes que celles de la phrase gestuelle (tier parent) et ne peuvent être déplacées. Chaque phrase gestuelle devait ensuite être découpée dans la piste [phase], elle aussi, tier enfant de [Gesture_Phrase] mais dont la dépendance est *included in*. Cela signifie que les bornes extérieures des annotations sont fixes mais que l'intérieur de l'annotation peut être découpé en plusieurs morceaux.

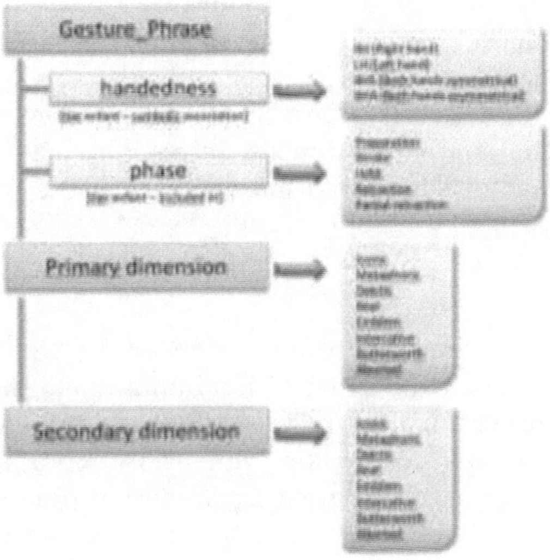

FIGURE 1 Schéma de codage

1.2.2 Unités, Phrases et phases

Il est peut-être bon ici de faire une petite précision terminologique. Kendon appelle *gesture unit*, un ensemble de mouvements (« excursion ») produits avec la parole. « This entire *excursion*, from the moment the articulators begin to depart from a position of relaxation until the moment when they finally return to one [position of relaxation], will be referred to as a gesture unit. » (2004 : 111). Il explique qu'une unité gestuelle peut contenir différentes phrases. Une phrase, quant à elle, est composée de différentes phases (preparation, stroke, hold…). Une phrase ne peut contenir qu'un seul stroke. La *retraction* (selon le terme de McNeill, 1992) que Kendon (2004) nomme *recovery* ne fait pas partie de la phrase mais de l'unité gestuelle. « The *recovery* movement, when the hand (or other body part) relaxes and is returned to some position of rest is not considered to be part of the *gesture phrase*, although it is, of course, part of the *gesture unit* which contains the *gesture phrase*. » (2004: 112). Le schéma ci-dessous tente de résumer la structuration de Kendon.

[gesture Unit / unité gestuelle]

[gesture phrase/phrase gestuelle] [gesture phrase]

[preparation] [stroke] [hold] [stroke] [hold] [recovery]

McNeill (2005: 31) souligne l'incohérence de cette terminologie et surtout la confusion qu'elle peut engendrer. En effet, on s'attendrait plutôt à ce que *phrase* soit l'ensemble le plus large, constitué de plusieurs groupes que l'on pourrait appeler *unités*. L'utilisation de phase et de phrase n'est pas très heureuse non plus vue la proximité phonémique et orthographique des deux mots qui pourraient être confondus. Dans notre annotation, nous n'avons pas tenu compte des unités gestuelles. Nous avons découpé les gestes en phrases. Contrairement à Kendon, nous avons considéré que la phase *recovery* (que nous appelons *retraction* comme McNeill, 1992, 2005), faisait partie de la phrase gestuelle. Il nous semble, en effet, incohérent de la considérer à part car elle fait partie du même mouvement signifiant. McNeill explique d'ailleurs: « The retraction phase, especially its end, is not without significance, contrary to what I have written about it in the past (McNeill, 1992). » (2005: 33).

1.2.3 Dimensions

Les dimensions du geste ont été ensuite annotées sur deux pistes qui présentent les mêmes vocabulaires contrôlés. On a attribué a minima une dimension à chaque geste sur la piste [primary dimension]. La piste [secondary dimension] sert à indiquer lorsqu'un geste a deux dimensions (une dimension iconique et une dimension déictique, par exemple), on met dans la piste primaire la dimension qui nous semble primer. Elle est également utilisée pour faire apparaitre les battements superposés.

Déictique	*Geste de pointage*
Iconique	*Geste illustratif d'un concept concret*
Métaphorique	*Geste illustratif d'un concept abstrait*
Battement	*Geste rythmant la parole, sans contenu sémantique*
Emblème	*Geste culturel, conventionnel*
Butterworth	*Geste de recherche lexicale*
Interactif	*Geste adressé à l'interlocuteur pour la gestion de l'interaction*
Avorté	*Geste esquissé mais avorté*

TABLE 1 Typologie des gestes utilisée pour l'annotation

Les dimensions sont des annotations qui portent sur le sens du geste. Elles ont été élaborées à partir de la typologie de McNeill (1992, 2005) c'est-à-dire déictique, iconique, métaphorique et battement. Elle a été enrichie par 4 autres types de gestes : les emblèmes, les Butterwoth, les interactifs (Bavelas et al., 1995) et les gestes avortés (voir Table 1). Cette typologie a déjà été utilisée par Tellier et Stam (2010) et Tellier, *et al.* (2011).

2 Mise en commun et comparaison des annotations

Les fichiers de chacun ont ensuite été réunis en un seul en utilisant la fonction d'Elan *Merge transcriptions* pour pouvoir importer toutes les pistes dans un même fichier sans perdre les vocabulaires contrôlés et les autres attributs des pistes. Le résultat obtenu est assez dense (Figure 2).

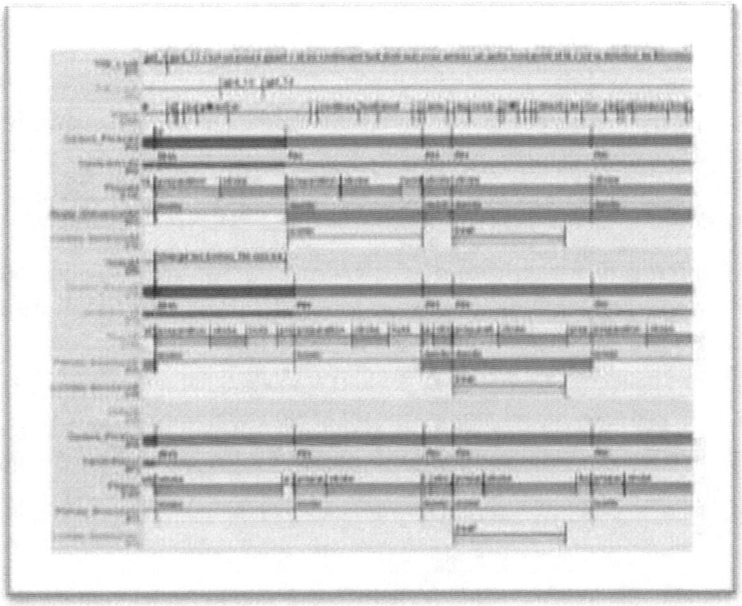

FIGURE 2 Regroupement des pistes des trois annotateurs

2.1 Calcul du taux d'accord inter-juges

Comme nous l'avons déjà évoqué, l'opportunité d'annoter un corpus à plusieurs est rare en études de la gestuelle. C'est également une entreprise risquée et parfois décourageante car le taux d'accord n'atteint pas toujours les sommets espérés. Dans le cas présent, cette expérience nous a permis de revoir nos méthodes de travail et également de les décomposer pour les expliquer à nos partenaires. Nous reviendrons sur ce point dans la partie 3.

< 0	**Désaccord**
0.00 - 0.20	Accord très faible
0.21 - 0.40	Accord faible
0.41 - 0.60	Accord moyen
0.61 - 0.80	Accord satisfaisant
0.80 – 1.00	Accord excellent

TABLE 2 Barème de Landis et Koch (1977)

Nous avons commencé par comparer nos annotations de manière quantitative en calculant des *kappa*. Pour mémoire un kappa est un calcul statistique permettant d'évaluer le degré de concordance entre plusieurs juges. Le kappa de Cohen permet de comparer deux juges tandis que le kappa de Fleiss est utilisé lorsqu'il y en a plus de deux (Santos, 2010). Pour interpréter les résultats, on utilise le barème de Landis et Koch (1977, cité dans Santos, 2010), présenté dans la Table 2. Il faut cependant relativiser ce barème car plus il y a de juges et plus il y a de stades (de « scores » à attribuer), plus le kappa aura tendance à être faible. « Ainsi, par exemple, un $\kappa = 0.40$ pourra être considéré comme très médiocre si deux juges avaient seulement à choisir entre deux scores A et B, mais pourra être perçu comme relativement honorable s'ils devaient choisir entre 10 stades différents. » (Santos, 2010).

Le logiciel Elan calcule automatiquement l'accord entre deux annotateurs en faisant un kappa de Cohen (fonction *Compare annotators*). Cette fonctionnalité d'Elan est particulièrement intéressante mais possède des limites : l'accord n'est calculé que sur la base des segmentations temporelles et non sur le contenu des annotations.

Sur la durée des phrases gestuelles, le taux d'accord inter-juges été très élevé : cela est dû au fait que le fichier Elan de départ contenait déjà les étiquettes des phrases et que peu de modifications ont été apportées par les annotateurs (Table 3).

Juges	**Taux d'accord**
A1 et A2	0,948
A1 et A3	0,863
A2 et A3	0,904

TABLE 3 Taux d'accord pour les unités gestuelles

Sur les dimensions du geste, les taux d'accord inter-juges ont été calculés avec un logiciel de statistiques. On constate que le taux d'accord est plus bas (Table 4).

Juges	**Taux d'accord**
A1 et A2	0,520
A1 et A3	0,347
A2 et A3	0,281
A1, A2 et A3	0,406

TABLE 4 Taux d'accord pour les dimensions primaires du geste

Cependant, si l'on considère le kappa de Fleiss entre les 3 juges (0,406), on est très proche d'un accord moyen, ce qui, considérant le fait que les trois annotateurs devaient choisir entre 8 catégories, est plutôt honorable. De plus, en ce qui concerne les dimensions, le désaccord est à relativiser car très souvent, les annotateurs ont attribué les deux mêmes dimensions à un geste mais n'étaient pas forcément d'accord sur la dimension qui devait être considérée comme primaire (voir 2.2).

2.2 Révision des annotations

Une fois les annotations réunies dans un fichier Elan, nous avons procédé par étapes en créant plusieurs fichiers de révisions. A chaque fois, le fichier Elan de travail était enregistré et partagé dans Dropbox afin de s'assurer que la même version était utilisée.

Dans un premier temps, nous avons commencé par les phrases gestuelles et la manualité en créant un premier fichier de révision [degels_modif1.eaf]. A1 a repéré tous les points de divergence entre annotateurs (12 en tout) et créé une piste spéciale pour discuter de ces divergences. Nous avons donc inventé un système de conversation asynchrone sur Elan (Figures 8, 11 et 13).

Dans un deuxième temps, nous avons comparé les points de divergence pour les dimensions primaires et secondaires des gestes avec la même méthode et en créant un deuxième fichier [degels_modif2.eaf]. Sur les 63 gestes annotés, il y avait 41 cas de divergence. Il s'agissait souvent de divergences sur les cas où un geste avait deux dimensions et où les annotateurs n'étaient pas d'accord sur l'attribution des caractères primaires ou secondaires (Figure 4).

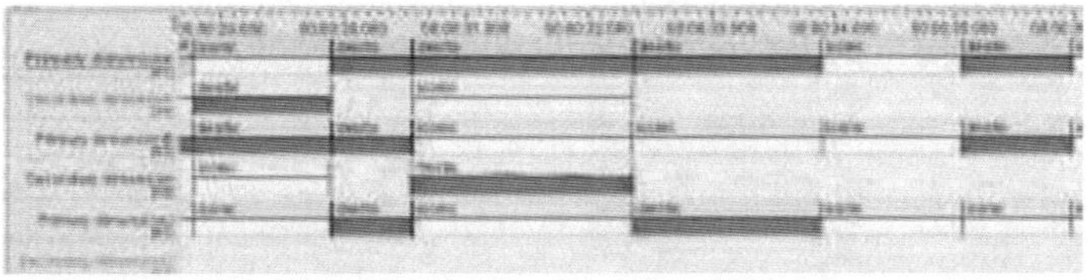

FIGURE 3 Exemple de divergence sur les dimensions primaire et secondaire

Après une première discussion et argumentation sur les dimensions, il ne restait que 11 gestes sur lesquels il y avait encore des différences de points de vue. Une deuxième session d'argumentation a été nécessaire afin d'obtenir une annotation unique qui fasse consensus.

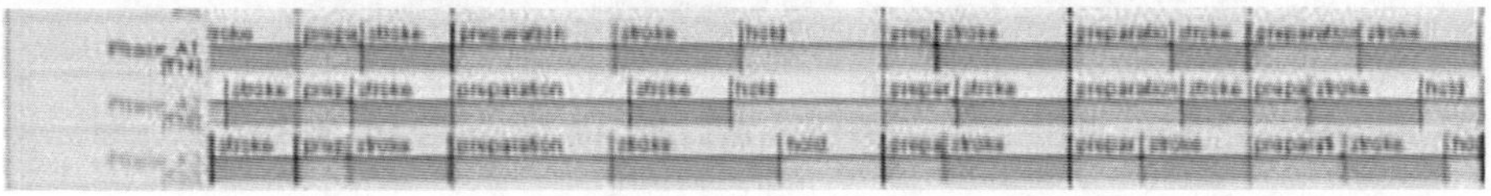

FIGURE 4 Comparaison des annotations des phases

Dans un troisième temps, nous avons travaillé sur les phases gestuelles. Pour cet aspect les divergences étaient considérables mais portaient davantage sur le découpage temporel que sur les phases en elles-mêmes (Figure 4). Il est à noter qu'aucun de nous n'est habitué à annoter les phases car nous n'avons jusqu'à présent pas eu besoin de cet aspect dans nos recherches respectives. Nous sommes donc assez inexpérimentés sur la question. La plus grande difficulté dans cette annotation réside dans le découpage temporel. En effet, le degré de précision est très élevé, on découpe image par image (soit à 40 ms près), il est donc quasiment impossible pour différents annotateurs de produire le même découpage. Faute de temps et étant donné l'importance de l'écart entre nos annotations, nous avons été amenés à sélectionner certains gestes sur lesquels discuter (39 phases ont été corrigées).

3 Emergence de consignes méthodologiques

3.1 Manualité

Annoter la manualité n'est pas forcément une pratique courante en étude de la gestuelle, sauf si les hypothèses de recherche portent sur le sujet (comme les études sur la latéralisation par exemple ou pour définir le style gestuel d'un individu). Nous avons donc choisi de noter sur une piste si chaque phrase gestuelle était produite avec la main droite (RH), la main gauche (LH), les deux mains symétriques (BHS) ou les deux mains asymétriques (BHA). Nous avons considéré la symétrie/l'asymétrie sur 2 axes : vertical (hauteur)/horizontal (largeur). Un 3ème axe aurait pu être rattaché à la profondeur du geste (mouvement avant/arrière), mais il n'y en avait pas d'exemple dans le corpus.

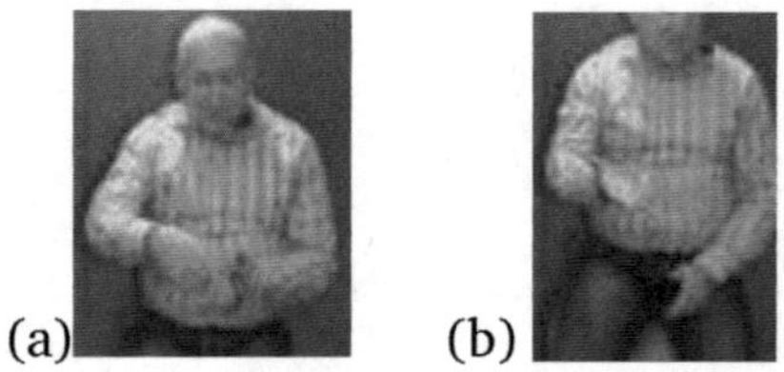

FIGURE 5 Deux exemples de gestes bimanuels

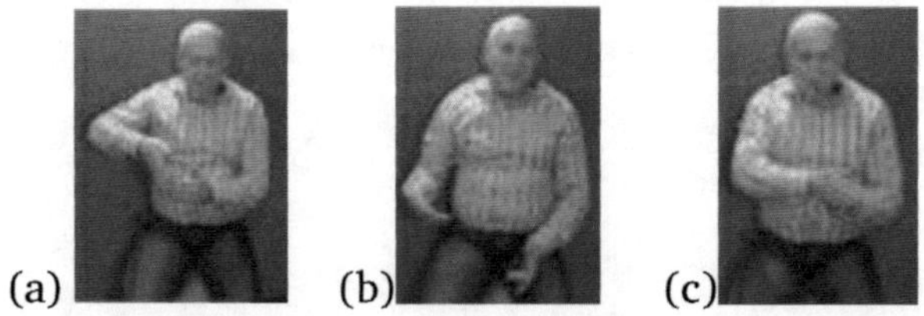

FIGURE 6 (a) BHA/(b) BHS : mains en miroir /(c) BHS : mouvement conjoint

Un geste fait avec les 2 mains (BH) est un geste où les mains sont en mouvement ensemble (Figure 5 a), ou lorsque les doigts d'une main ont un mouvement *significatif* en même temps que la main opposée (Figure 5 b). Un geste asymétrique (BHA) est un geste dans lequel les mains agissent de manière décalée principalement dans l'espace (Figure 6, a). Un geste symétrique (BHS) est un geste dans lequel les mains agissent en miroir (Figure 6,b) ou conjointement (Figure 6, c).

Dans l'ensemble, la segmentation [handedness] ne posait pas de difficulté particulière (BH/RH/LH). Lorsqu'il en existait une, elle apparaissait à un des 2 niveaux suivants (1) Distinction BHA/BHS (2) Prise en compte des doigts de la main opposée comme éléments significatifs dans la réalisation du geste global. L'exemple donné dans la

Figure 7 illustre très bien le premier cas problématique. Les annotateurs n'étaient pas d'accord : A1 et A2 avaient codé ce geste BHA et A3 avait codé BHS. A première vue, les deux mains semblent bouger symétriquement (suivant un axe horizontal), cependant, la main gauche (celle du bas) s'arrête de bouger vers la fin du geste tandis que la main droite continue à dessiner la forme du référent. Le dialogue entre les annotateurs (Figure 8 révèle que cette décision n'a pas été facile à prendre et que c'est dans le travail d'équipe que les arguments se forgent.

(01 : 02 : 600) [c'est un pouce géant et]

FIGURE 7 Cas de désaccord sur la symétrie

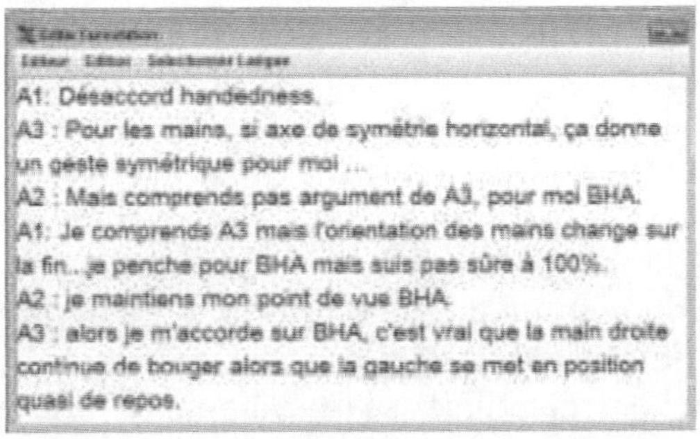

FIGURE 8 Dialogue entre les annotateurs (sur le geste Figure 7)

L'autre type de cas problématique apparait lorsque certains gestes ont été codés main droite (RH) ou main gauche (LH) parce que le mouvement principal était effectué avec une main alors que l'autre main produisait un tout petit battement du pouce, parfois à peine perceptible.

Hormis la segmentation de la manualité, la question du geste principal dans un « BH » peut être pertinente à se poser : ne serait-il pas intéressant de pouvoir segmenter à l'intérieur d'une même « handedness » pour marquer avec quelle main le stroke se fait ? Dans le corpus proposé, le locuteur B utilise principalement sa main droite. Or, dans l'exemple de la Figure 9, alors que le geste est effectué avec les deux mains, la main droite du locuteur ne fait plus que donner le repère alors que c'est sa main gauche qui donne l'information principale et effectue le stroke : « longer ». Dans quelle mesure ce changement de main principale est-il significatif ? Une segmentation à l'intérieur d'une manualité pour indiquer avec quelle main le stroke s'effectue permettrait donc les repérages de ce genre de récurrences et leur analyse.

(00 : 34 : 500) [et en fait vous avez longé l'hippodrome]

FIGURE 9 Main dominante sur le stroke

3.2 Dimensions du geste

La question des dimensions du geste est une question complexe à l'heure actuelle en études de la gestuelle. Depuis que ce domaine existe, les chercheurs ont tenté de concevoir des typologies d'annotation du geste (Efron, 1941 ; Ekman et Friesen, 1969 ; McNeill, 1992, etc.). Ces typologies ne sont pas faciles à utiliser car elles inscrivent les gestes dans des catégories dont les frontières sont parfois très poreuses et mal définies. La typologie la plus utilisée ces dernières années est celle de McNeill (1992) même si elle demeure controversée car parfois difficile à manipuler. McNeill lui-même (2005) a suggéré de considérer ces catégories davantage comme des dimensions que comme des types restrictifs (un même geste pouvant avoir plusieurs dimensions). Pour le présent corpus, nous avons utilisé une typologie enrichie (voir 1.2.3). L'intérêt pour nous d'annoter les dimensions du geste est double. Premièrement, les hypothèses de nos études impliquent souvent les dimensions du geste (on peut faire l'hypothèse qu'une condition va éliciter plus de gestes iconiques que de gestes métaphoriques, par exemple). Deuxièmement, une grande partie des études en gestuelle actuellement utilisent la typologie de McNeill ce qui nous permet d'effectuer des comparaisons entre différents travaux et de reproduire des expérimentations en comparant les résultats sur des bases similaires.

Dimensions	Primaire	secondaire
Butterworth	2	0
Aborted	4	0
Beat	2	10
Deictic	21	8
Emblem	3	0
Iconic	20	7
Interactive	2	1
Metaphoric	6	1

TABLE 5 Statistiques des annotations des dimensions

La Table 5 présente les statistiques des annotations pour les dimensions primaire et secondaire. On peut constater tout d'abord que les battements (beats) sont en général identifiés sur la piste [secondary_dimension] car ils sont, la plupart du temps, superposés sur d'autres gestes. Ensuite, on remarque que les dimensions les plus fréquentes sont les iconiques et les déictiques ce qui n'est pas surprenant avec ce genre de tâche langagière. Plusieurs gestes déictiques ont une dimension secondaire iconique et inversement. La plus grande difficulté pour notre équipe a été de définir quelle dimension primait sur l'autre (Figures 10 à 13). On voit dans ces discussions que l'interprétation repose à la fois sur la signification du geste (illustration d'un item/d'une action *vs* pointage d'un lieu ou d'une direction) et sur l'accompagnement verbal. En effet, selon le cadre théorique de McNeill (1992) dans lequel les membres de notre équipe s'inscrivent, le geste et la parole forment un seul et même système et doivent être analysés simultanément.

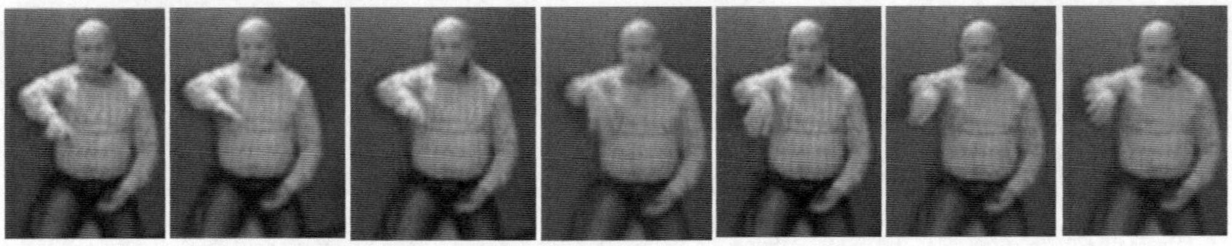

(00 : 30 : 570) [droite c'est plein de restaurants euh ça s'appelle]

FIGURE 10 Exemple de déictique à dimension secondaire iconique

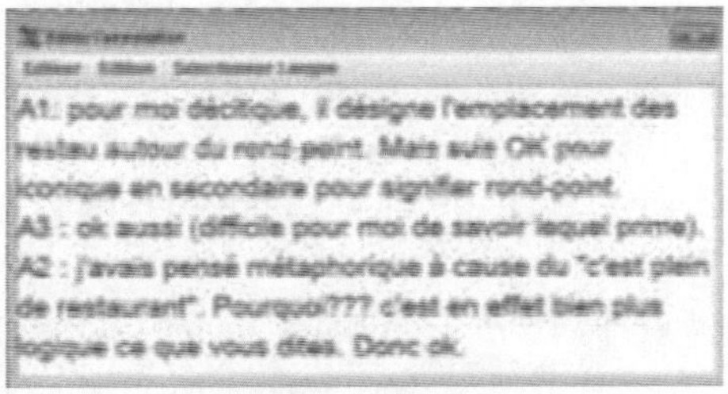

A1: pour moi déictique, il désigne l'emplacement des restau autour du rond-point. Mais suis OK pour iconique en secondaire pour signifier rond-point.
A3 : ok aussi (difficile pour moi de savoir lequel prime).
A2 : j'avais pensé métaphorique à cause du "c'est plein de restaurant". Pourquoi??? c'est en effet bien plus logique ce que vous dites. Donc ok.

FIGURE 11 Dialogue entre les annotateurs sur l'exemple de la Figure 12

(00 : 22 : 409) [statut du David vous allez vers les Goudes]

FIGURE 12 Exemple d'iconique à dimension secondaire déictique

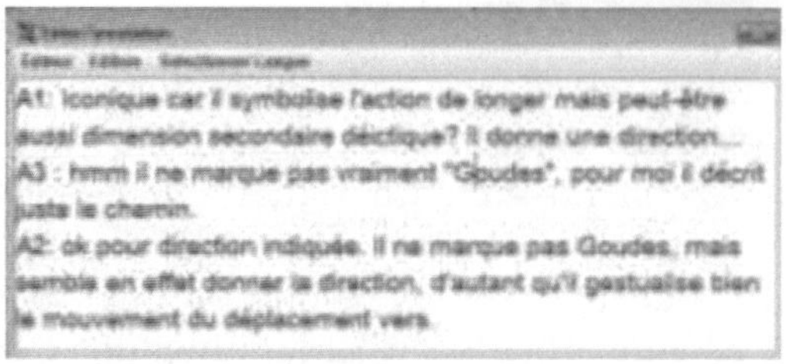

FIGURE 13 Dialogue entre les annotateurs sur l'exemple de la Figure 13

Dans l'exemple 12, le geste décrit l'action de longer plus qu'il ne donne une direction car il ne marque pas le point d'arrivée dans l'espace gestuel. On considère alors ici que le geste est d'abord un iconique avec une dimension secondaire déictique.

3.3 Phases du geste

Ceci est sans conteste l'aspect le plus complexe que nous ayons eu à annoter. Connaître les phases du geste peut être pertinent lorsque l'on travaille par exemple sur la synchronisation entre geste et verbal ou entre geste et prosodie. Il est alors important de déterminer où se trouve le pic du geste (le stroke) et de l'associer à un mot, une syllabe ou un phénomène acoustique. Annoter les phases du geste amène nécessairement à s'interroger sur les frontières temporelles du geste : où commence-t-il ? Où se termine-t-il ? Quelle est sa partie la plus signifiante ? Les gestualistes proposent différentes phases. La Table 6 synthétise les phases que nous avons utilisées et les définitions données par les auteurs (nous avons gardé la version originale).

Preparation	(optional) : «the limb moves away from its rest position to a position in gesture space where the stroke begins. The preparation phase typically anticipates the linguistic segments that are coexpressive with the gesture's meaning. » (McNeill, 1992 : 83)
Stroke	« (obligatory in the sense that absent a stroke, a gesture is not said to occur)[…] The stroke is the gesture phase with meaning; it is also the phase with effort […]. In a large sample of gestures, the stroke is synchronous with co-expressive speech about 90 percent of the time.» (McNeill, 2005 : 31) / It is the phase of the excursion in which the movement dynamics of 'effort' and 'shape' are manifested with greatest clarity. » (Kendon, 2004 :112)
Hold	« in general is any temporary cessation of movement with leaving the gesture hierarchy (in contrast to a rest, which means exiting the hierarchy). » (McNeill, 1992 : 83)
Retraction	(optional) «The hands return to rest (not always the same position as at the start). There may not be a retraction phase if the speaker immediately moves into a new stroke. » (McNeill, 2005 : 31) / « when the hand (or other body part) relaxes and is returned to some position of rest […].» (Kendon, 2004 : 112)
Partial retraction	« After the stroke, if the hand approaches a resting position but shifts to a preparation before reaching it, the interrupted retraction phase is called a *partial retraction*. » (Kipp, 2005 : 52)

TABLE 6 Les définitions des phases du geste

La catégorie *Hold* a été beaucoup découpée en micro catégories. Ainsi, Kita (1993) parle de *prestroke hold* et *poststroke hold* et McNeill (2005) distingue également des *stroke holds* et des *independent holds*. Ces phases ajoutant de la complexité à un découpage déjà ardu, nous avons fait le choix de ne pas les utiliser.

La *préparation* du geste est donc l'étape du début du geste jusqu'au *stroke*. Le *stroke* ou pic gestuel est le point le plus signifiant du geste. Il est, la plupart du temps, accompagné du mot clé de la phrase. Ce que l'on peut remarquer dans ce corpus, c'est que lors de la préparation du geste, la main produit souvent un mouvement dans le sens contraire du sens dans lequel le stroke s'effectuera. Par exemple, lorsque la main droite va effectuer un mouvement de droite à gauche, elle commence par reculer de gauche à droite, comme pour armer le geste. Dans ces cas là, la distinction des phases est plus aisée puisque le premier mouvement dans une direction constitue la préparation et lorsque la main amorce le mouvement dans la direction inverse, on est en présence du stroke (Figure 14).

(00 :39 :680) [Escale Borély vous remontez]

FIGURE 14 Exemple de distinction preparation/stroke

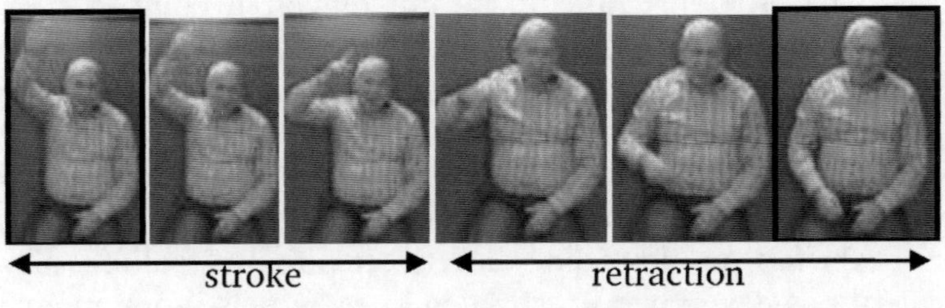

(01 :10 :747) [T/$ la prison la fameuse prison des $Baumettes]

FIGURE 15 Exemple de rétraction

La rétraction du geste, quant à elle, est déterminée au moment où le geste est moins clair, moins précis et que la main retourne à sa position de repos comme on peut le voir dans la Figure 15.

Nous avons eu des divergences parfois importantes lors de cette segmentation. Ainsi, le segment « enfin sa son moulage de pouce là » (Figure 16) a été problématique, mais en cela intéressant : y a-t-il un geste ou deux ?

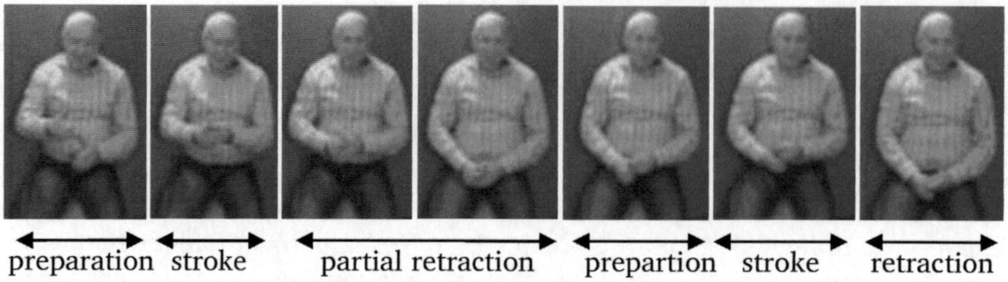

(00 : 59 : 890) [enfin sa son moulage de pouce là]

FIGURE 16 Le moulage du pouce

La main droite prend la forme du pouce et la main gauche vient se placer autour de la main droite, l'ensemble descend alors jusqu'en position de repos. C'est comme s'il posait ses mains pour mieux réfléchir au mot qu'il cherche, une sorte de « silence gestuel », avant de remonter les deux mains jointes jusqu'au niveau de la poitrine. Pendant tout le mouvement les mains ne se sont pas lâchées, pourtant elles sont retournées en position de repos. Si on considère la position de repos comme la fin d'un geste, il y a alors deux gestes similaires. Cependant, si on considère la position des mains, en l'occurrence la même configuration que le stroke, alors il n'y a qu'un seul geste et il y a deux strokes avec une rétraction partielle entre les deux.

4 Conclusion

Ce travail d'annotation à trois gestualistes a été à la fois frustrant (principalement à cause du peu de temps disponible et de l'éloignement des annotateurs) mais a également été extrêmement enrichissant. Le fait d'avoir à comparer et justifier son travail avec d'autres partenaires oblige nécessairement à repenser sa propre méthode. Ce travail nous a, par ailleurs, incité à relire les ouvrages fondamentaux en études de la gestuelle afin d'éclaircir certaines définitions. Nous constatons, comme c'est souvent le cas dans un domaine scientifique jeune, que la méthodologie ainsi que les notions essentielles sont loin de faire consensus et manquent parfois de clarté. Il faut aussi tenir compte du fait que les études sur les coverbaux réalisées il y a 10 ou 20 ans ne bénéficiaient pas des moyens technologiques actuels, notamment des logiciels qui permettent une précision nouvelle dans l'analyse du geste. Ces outils ouvrent de nouvelles voies mais requièrent également de nouvelles balises méthodologiques.

Remerciements

Merci à Stéphane Rauzy (LPL) pour les calculs du kappa.

BAVELAS, J., CHOVIL, N., COATES, L. & ROE, L. (1995). Gestures specialized for dialogue. *In Personality and social psychology bulletin*, 21, pages 394-405.

EFRON, D. (1941) *Gesture and Environment: a tentative study of some of the spatio-temporal and linguistic aspects of the gestural behavior of Eastern Jews and Southern Italians in New York city*. The Hague ; Paris : Mouton.

EKMAN, P. & FRIESEN W. V. (1969). The Repertoire of Nonverbal Behavior : Categories, Origins, Usage, and Coding. In *Semiotica, 1,* The Hague : Mouton Publishers, pp. 49-97.

KENDON, A. (2004). *Gesture: Visible Action as Utterance*. Cambridge: Cambridge University Press.

KIPP, M. (2005). *Gesture Generation By Imitation: From Human Behavior To Computer Character Animation*. Universal-Publishers.

KITA, S. (1993). *Language and thought interface: A study of spontaneous gestures and Japanese mimetics*. Unpublished PhD Diss. Chicago: University of Chicago.

McNEILL, D. (1992). *Hand and Mind: What gestures reveal about thought*. Chicago: The University of Chicago Press.

McNEILL, D. (2005). *Gesture & thought*. Chicago: The University of Chicago Press.

SANTOS, F. (2010). Le kappa de Cohen : un outil de mesure de l'accord inter-juges sur des caractères qualitatifs. Publication en ligne. [consultée le 28/03/2012]. http://frederic.santos.perso.sfr.fr/pdf/stat/Kappa_Cohen.pdf.

TELLIER, M. et STAM, G. (2010). Découvrir le pouvoir de ses mains : La gestuelle des futurs enseignants de langue. *In Actes du Colloque « Spécificités et diversité des interactions didactiques : disciplines, finalités, contextes »*, Lyon.

TELLIER, M., GUARDIOLA, M., BIGI, B. (2011). Types de gestes et utilisation de l'espace gestuel dans une description spatiale : méthodologie de l'annotation. Actes de l'Atelier DEGELS, 18èmes conférence annuelle Traitement Automatique des Langues Naturelles (TALN) (2011 juin 27-juillet 1 : Montpellier, FRANCE). Montpellier: Université de Montpellier II. 2011, pages 45-56.

Segmenter et annoter le discours d'un locuteur de LSF : permanence formelle et variablité fonctionnelle des unités

Agnès Millet[1] Isabelle Estève[1]
(1) LIDILEM, Université Stendhal-Grenoble3, BP25 – 38040 Grenoble Cedex 9
agnes.millet@u-grenoble3.fr, isabelle.esteve@u-grenoble3.fr

RÉSUMÉ

Cette contribution propose d'envisager la question de la segmentation des unités de "bas niveaux" en intégrant dans les réflexions les dynamiques iconiques et corporelles qui s'expriment à différents niveaux de la Langue des Signes Française (Millet, 2002). Notre perspective de transcription intègre plus globalement une compréhension multimodale des discours des locuteurs de la LSF. La grille de transcription/annotation à laquelle nos réflexions ont abouti propose donc au-delà des pistes imposées pour ce DEGELS, des pistes qui visent à détailler, en proposant une lecture inévitablement linéarisée sans noyer toutefois les dynamiques de la partition langagière, l'ensemble des productions émanant des différents articulateurs que le locuteur a à sa disposition ainsi que les valeurs et les fonctions de ces productions dans l'élaboration du discours.

ABSTRACT

Segment and annotate a discourse of a Sign French Language speaker : formal continuity and fonctional variation of units

This contribution propose to approach the question of the "down levels" units by integrating in the reflections the iconic and corporal dynamics which are implied in differents levels of the Sign French Language (Millet, 2002). Our transcription perspective integrates more broadly a multimodal comprehension of the LSF speaker's discourse phenomenon. Therefore the transcription/annotation grid at which our reflections have led us propose, beyond the actors imposed for the DEGELS, to create some actors. The aims of the actors are to detail all the productions of articulators that speaker of LSF has at their disposal in one part, and, in other part, the values and the functions of these productions in the discourse elaboration. So this grid proposes a necessarily linear description of language phenomenons without ignoring the dynamics which co-construct the partition of language.

MOTS-CLÉS : LSF, dynamiques iconiques et corporelles, multimodalité, variabilité fonctionnelle.

KEYWORDS: LSF, iconics and corporals dynamics, multimodality, fonctional variations.

1 Aspects pluridimensionnels du discours

Dans le corpus proposé pour l'atelier DEGELS 2012, nous avons choisi de nous consacrer à la vidéo LSF pour aborder la question de la segmentation et, celle, corollaire, des unités dites de

« bas niveau ». S'agissant d'un discours par définition multimodal et portant en lui des traces du contact de langues (langue gestuelle et langue vocale présentes dans le contexte surdité), la segmentation, si tant est que l'on veuille restituer l'intégralité des éléments composant le discours, doit prendre en compte l'aspect pluridimensionnel des productions dans lesquelles s'enchevêtrent des dimensions temporelles –linéaires – et des dimensions spatiales et corporelles – globales et simultanées. La segmentation implique donc des processus de linéarisation et de déglobalisation sur des éléments langagiers aux statuts variés qui interagissent de façon dynamique dans la construction du discours.

Dans une grille précédente visant à rendre compte des conduites narratives d'enfants et d'adultes sourds (Estève, 2011; Millet et Estève, 2010a,b, 2009) , nous avions proposé de caractériser ces éléments langagiers en fonction de la nature linguistique ou non de leur statut sous les 5 pistes suivantes : Français ; Onomatopées ; Labialisations ; LSF ; Gestes. Les objectifs de l'annotation proposée dans le cadre de DEGELS2012 ne sauraient être satisfaits par ce type de catégorisations dont l'entrée se situe à un niveau d'analyse ne permettant pas de répondre à la question de la segmentation d'un point de vue "bas-niveau". Nous avons donc adopté une perspective centrée sur les articulateurs – une dimension plus formelle donc – impliqués dans les aspects pluridimensionnels du discours. Ainsi aux six pistes imposées [1], la réalité du corpus nous a amené à ajouter les deux pistes suivantes :

– *Segmentation-Visage* permettant de rendre compte notamment des mimiques ;
– *Segmentation-Bouche* permettant de rendre compte notamment des labialisations.

En effet, comme le montre l'exemple suivant, les articulateurs « tête », « buste », « bouche » et « visage » concourent à signifier la perplexité du locuteur (Loc A) face à la question de son interlocuteur (Loc B) :

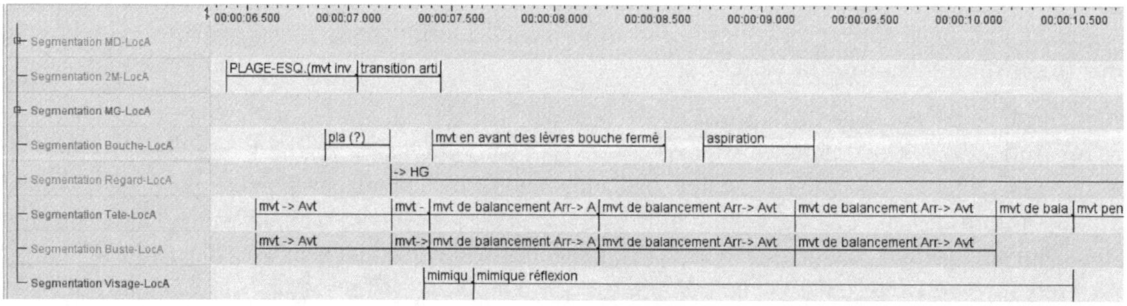

FIGURE 1 – Autour d'une perplexité co-articulée

Sans présupposer de l'actualisation de l'ensemble des ressources potentiellement disponibles, entrer par les articulateurs permet de n'affecter aucune valeur *a priori* à la production. Il s'agit donc d'une première étape descriptive dénuée de toute assignation, d'une part, quant au statut linguistique ou non de l'unité formelle, et, d'autre part, quant à l'inscription modale (sonore ou labiale) de l'articulateur "bouche". Les décisions interprétatives sont envisagées comme la seconde étape de l'analyse qui, comme nous le verrons plus loin, trouve sa matérialité dans les pistes filles rattachées à chacune de ces 8 pistes indépendantes constituant la base de la transcription.

Avant de présenter la grille à laquelle nos réflexions sur le corpus ont abouti, en retraçant, de

1. *Segmentation-MD,Segmentation-MG, Segmentation-2M, Segmentation-Regard, Segmentation-Buste, Segmentation-Tête.*

façon dynamique, le cheminement effectué, on précisera en premier lieu la façon dont nous envisageons l'articulation entre description formelle et interprétation sémiotique du discours, articulation qui sous-tend notre approche de la segmentation des unités de "bas niveaux". En second lieu, nous présenterons le cadre théorique sous-tendant notre approche descriptive pour aboutir enfin à une présentation détaillée de la grille de segmentation/ transcription/ annotation.

2 Segmenter les unités de bas niveaux : une question d'interprétation

Dans nos recherches antérieures, nous avons été confrontées,comme nous venons de l'évoquer, à une problématique de segmentation. Il s'agissait, dans une démarche que l'on pourrait qualifier de "top-down", de segmenter les énoncés, au niveau de la production globale, toutes ressources confondues, afin de rendre compte d'unités *sémantico-syntaxiques* et d'en envisager les groupements ainsi que leur degré de complexité (Millet et Estève, 2010b). La perspective de segmentation adoptée était donc inversée par rapport à celle posée par le défi qui s'apparente plus *a priori* à une démarche "bottom-up". Néanmoins, c'est en étant imprégnées du postulat sur lequel repose notre ancrage théorique, à savoir : *production langagière = sens*, que nous avons abordé la question des unités de "bas niveaux", tant l'interprétation de ce que signifie "unités de bas niveau" est intimement liée, à notre sens, aux visées descriptives de la transcription.

2.1 Segmentation de "bas niveau" : quel recours au sens ?

D'une manière générale les tentatives de la linguistique structurale de s'abstraire des questions de sens semblent relativement artéfactuelles et illusoires – puisque, entre autres exemples, les unités phonologiques sont mises au jour par des paires minimales. Concernant la LSF, si les paramètres du signe sont donnés comme des classes d'unités de type phonologique [2]par la plupart des chercheurs à l'international, l'iconicité amène d'autres chercheurs à questionner ce que pourrait être le bas niveau, qui ne descendrait pas en deçà d'un niveau (infra)sémantique (Cuxac, 2000). Ces deux facteurs conjugués – la difficulté essentielle à faire abstraction du sens et les contraintes de l'iconicité – ont fait que notre démarche de segmentation s'est, pour DEGELS, appuyée en premier lieu sur les unités significatives, qui, étant donné le caractère global et simultané des énoncés en LSF, peuvent se superposer dans une dimension temporelle unique. Ainsi, dans la capture d'écran suivante, main droite (MD) et main gauche (MG) réfèrent à des éléments distincts – respectivement la route sinueuse et le port – spatialement agencés ; le regard, s'oriente d'abord vers la MG puis accompagne le mouvement de la MD, appuyant ainsi ce positionnement relatif.

Ainsi, si l'on admet que l'on peut isoler des unités de sens assez disparates quant à leur substance – espace, mimique, comportements manuels, comportements corporels – il convient dès lors, d'une part, de les isoler, et d'autre part de pouvoir leur affecter une valeur. Autrement dit, les unités de sens selon leur statut et leurs caractéristiques formelles peuvent ou non constituer des unités de bas niveau qui peuvent ou non endosser un statut de type phonologique (Millet, 1998).

2. Que les éléments de ces classes soient nommés *chérèmes* (Stokoe, 1960) ou *gestèmes* (Neve, 1992).

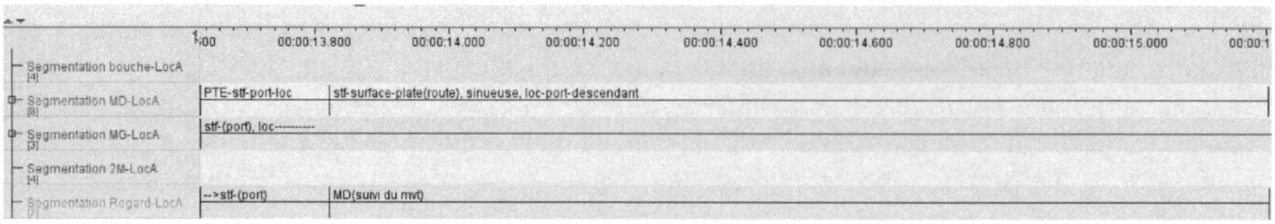

FIGURE 2 – Co-construction du sens en trio MD, MG, Regard

2.2 Envisager les frontières entre les unités de sens et en leur sein-même

2.2.1 Au niveau linguistique

Au niveau linguistique, on isolera différents types d'unités selon qu'elles s'inscrivent ou non dans une continuité de sens. L'application de ce découpage sémantico-temporel nous amène, classiquement, à distinguer les comportements non manuels des comportements manuels.

Les éléments non manuels

En effet, il ne nous paraît pas pertinent – au sens linguistique du terme – de segmenter outre mesure la mimique – dans ses valeurs stylistiques, pragmatiques ou syntaxiques -– ni non plus l'engagement corporel supporté par la tête, le visage, les épaules et le buste dans ce qui globalement constitue une *proforme corporelle* [3] (Millet, 2002). De même, le regard reste, selon nous, également difficilement segmentable au niveau infra. Tout comme pour les autres comportements non-manuels, l'application du découpage sémantico-temporel permet de délimiter des unités distinctes en fonction de l'interprétation que l'on peut faire des valeurs qu'il acquière au fil du discours (création de locus, proforme corporelle, marqueur discursif, etc.). Ainsi, dans notre proposition segmentale les unités de bas niveaux concernant les éléments autres que manuels sont de type sémantico-discursif.

Les éléments manuels

A l'inverse, pour les comportements manuels, qui constituent les éléments centraux des signes lexicaux de la LSF et de leurs variantes morpho-syntaxiques en discours, on peut supposer, de façon théorique, que tout élément est *a priori* de type phonologique. Cette substance phonologique de base de l'unité peut être occultée par une inscription (morpho-)lexicale, (morpho-)syntaxique, discursive. Ainsi, le paramètre mouvement d'un item lexical s'il constitue un des éléments de la phonologie du signe en forme de citation, peut acquérir, en discours, une valeur verbale qui permet de dégager, dans la trajectoire, trois unités porteuses de sens. En premier lieu les points de départ et d'arrivée, créant des locus – ou s'inscrivant dans des espaces pré-sémantisés (Millet, 1997, 2002) – permettant de référer à des actants ; en second lieu la trajectoire, pouvant elle-même être subdivisée en plusieurs éléments dès lors qu'ils sont porteurs d'informations

3. Le terme de *proforme corporelle* correspond dans la théorie des dynamiques iconiques à celui de *body classifier* (Morgan et Woll, 2003) ou *prise de rôle*(Moody *et al.*, 1983).

pertinentes : la durée et l'intensité – valeur aspectuelle ou adverbiale – ainsi que le tracé et/ou l'orientation de la trajectoire – valeur adverbiale en général [4].

2.2.2 Aux niveaux langagier et articulatoire

La segmentation des unités de sens, et spécialement des signes manuels, interroge le statut des segments qui n'ont pour fonction que la transition d'un signe à l'autre ; autrement dit la délimitation des segments qui ne correspondent qu'à de la « transition articulatoire » servant l'enchainement des mouvements. La nécessité descriptive, plus brutalement exprimée, est donc celle qui consiste à pouvoir déterminer le moment où l'on peut dire que le mouvement d'un signe porteur de sens commence et termine. Pour résoudre cette question, on peut tenter d'analyser la structure du mouvement – dans ses différentes phases : preparation, stroke, retour (Kendon, 2004) – mais il n'est pas certain que cette démarche résolve les problèmes pour percevoir le début d'un signe et sa fin. Un appui sur le lexique, dans la connaissance que l'on peut en avoir, permet, à notre sens, de segmenter des « transitions articulatoires » différenciées des mouvements internes au signe. On met ainsi en évidence dans des segments gestuels sémantiquement vides des hésitations, des anticipations et des transitions, comme dans l'exemple suivant où les segments articulatoires sont illustrés par des captures d'écrans :

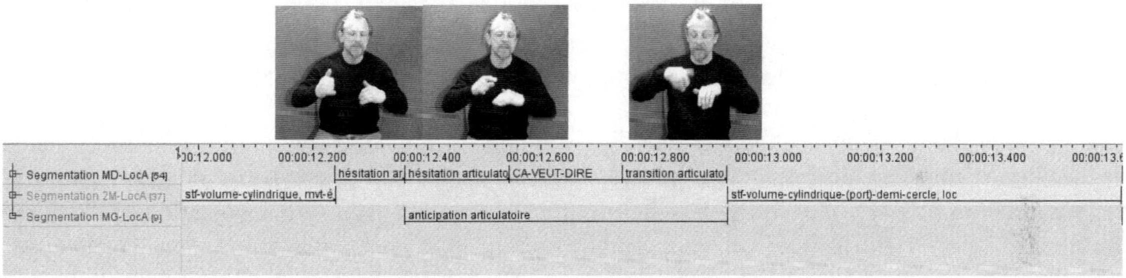

FIGURE 3 – Hésitations et transitions articulatoires

D'une manière générale, on l'aura compris, plus que sur des aspects strictement formels et quantifiables, notre proposition de segmentation repose tout à la fois sur la perception visuelle et l'interprétation inévitable qui l'accompagne.

3 Appréhender les unités et interpréter leur variabilité fonctionnelle

3.1 Modèle des dynamiques iconiques : présentation succincte

Pour analyser la variabilité fonctionnelle des éléments, on retiendra le modèle des dynamiques iconiques (Millet, 2002) qui postule que, du fait de l'iconicité — et de l'économie linguistique propre qu'elle génère — les mêmes éléments formels peuvent acquérir, dans le flux discursif,

4. Voir sur ce point les discussions de (Voisin et Kervajan, 2007) sur la racine verbale en LSF.

des statuts linguistiques différents à même d'assurer la cohérence et la cohésion syntaxiques et discursives. Ce modèle peut être condensé sous une forme visuelle comme le représente le schéma suivant qui montre, d'une part, comment les paramètres constitutifs du signe -- configuration, mouvement et emplacement — peuvent passer d'un statut d'unités de bas niveau cénémique -- en l'occurrence de type phonologique -- à des unités que l'on estime également dans ce cas de bas niveau, plérémique, chargées d'informations de type morpho-lexical ou morpho-syntaxique. L'ensemble de ces valeurs et leurs glissements fondent la cohérence discursive.

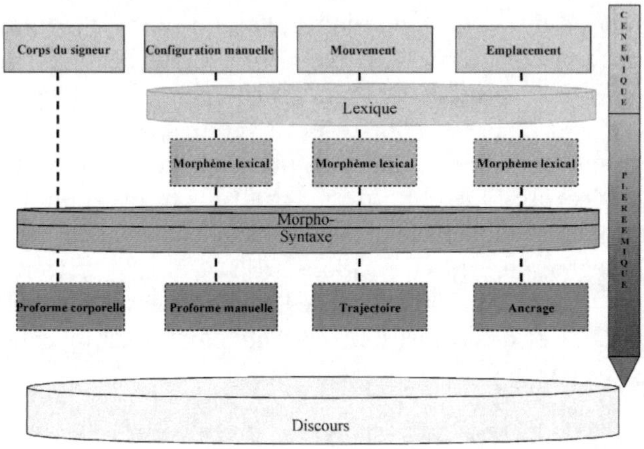

FIGURE 4 – Représentation schématique du modèle des dynamiques iconiques (Millet *et al.*, 2011)

Comme nous l'avons évoqué plus haut, selon nos analyses, le niveau cénémique sous-tend, dans le discours, le niveau plérémique. On pourra s'étonner de ne pas voir mentionnée l'orientation de la main comme paramètre dans ce schéma, mais c'est que l'orientation pose de redoutables problèmes de contraintes liées au mouvement qui ne sont en l'état actuel de nos réflexions pas résolus [5]. Comme on peut l'observer, le schéma rend compte aussi, mais de façon globale – *i.e.* sans segmenter les éléments, tête, visage et buste –, du changement possible de statut du corps du signeur, qui, par le biais des *proformes corporelles* mentionnées plus haut, de sujet de l'énonciation peut devenir sujet de l'énoncé. La confrontation des données discursives proposées dans le cadre de DEGELS 2012 et de tous ces éléments théoriques – ayant eux-mêmes émergé d'une modélisation de données langagières effectives – nous amène à faire une proposition de grille d'annotation qui ne craint pas de faire fluctuer la notion de « bas niveau » pour tenter tout à la fois de segmenter au plus bas sans préjuger de la fonctionnalité des éléments langagiers ainsi mis en évidence.

3.2 Propositions pour l'annotation des unités de bas niveaux : entre décodage et encodage

Si la perception nous laisse entrevoir des « unités » dans l'articulation conjointe des paramètres liés à l'exécution du signe, d'une part, et à la co-articulation des éléments non manuels, d'autre part,

5. L'intuition première de Stokoe de subsumer sous la même catégorie – « signation » – mouvement et orientation mérite donc d'être ré-interrogée. En effet, l'orientation subit sans aucun doute, elle aussi, des variations fonctionnelles, mais en général de second degré, c'est-à-dire en lien avec les variations fonctionnelles de la configuration devenue proforme ou du mouvement devenu trajectoire.

il convient cependant de ne pas perdre de vue que la globalité – ou simultanéité – des langues signées invite à dépasser ce stade purement perceptif et à dégager ce que nous appellerons des « éléments infra-articulés ». Dans la grille que nous proposons, établie sous ELAN, les pistes d'annotation de ces éléments ne concernent que les lignes destinées à la transcription des comportements manuels *Segmentation-MD*, *Segmentation-MG* et *Segmentation-2M* – les comportements non manuels n'étant pas, selon nous et comme nous l'avons vu plus haut (cf. 2.2.1), à segmenter d'avantage.

Repérage des éléments infra-articulés

Précisons, avant de détailler les pistes filles qui permettent d'affiner les pistes imposées, que le découpage des éléments infra-articulés composant chacune des unités, perçues comme unités de sens, est intégré à la première étape descriptive dans la transcription faite des productions manuelles. En effet, à l'intérieur des unités de sens dégagées dans la production MD, MG ou bi-manuelle (2M), nous avons distingué le trait d'union servant à relier les éléments de transcription correspondant à une seule et même unité de la langue, généralement lexicale – par exemple, le pointé et son orientation/sa direction [PTE-stf-port] [6] – alors que la virgule constitue un élément séparateur qui permet de distinguer différents éléments porteurs d'informations linguistiques au sein de l'unité de sens dégagée – *i.e.* l'information lexicale encodée par les différents paramètres composant le signe, configuration manuelle, mouvement et emplacement par exemple, comme dans la structure suivante : [stf-surface-plate(route), sinueuse, loc-port-descendant] [7]. Cette pratique de gloses contrastée permet de gérer automatiquement sous ELAN, grâce à la commande *Tokéniser l'acteur,* [8] le découpage des éléments de niveau inférieur reportés sur les trois pistes filles qui détaillent les paramètres sujets aux dynamiques iconiques qui viennent d'être présentées, à savoir les pistes : *Configuration manuelle*, *Mouvement*, *Emplacement*.

Annotation de la valeur fonctionnelle des éléments infra-articulés

Chacune de ces trois pistes est elle-même affinée par 3 pistes filles servant à annoter la ou les valeurs de chacun des composants formels des unités de sens dégagées dans la transcription, et ce, à différents niveaux de la langue :

- **Valeur phonologique ou phonétique** : liée aux paramètres articulatoires de l'élément annoté
- **Valeur lexicale ou morpho-lexicale** : liée au sens auquel réfère l'élément annoté
- **Valeur syntaxique ou morpho-syntaxique** : liée au rôle (morpho-)syntaxique de l'unité dans la structure dans laquelle elle est insérée

L'extrait suivant illustre particulièrement bien la manière dont les pistes proposées permettent de saisir l'encodage et de procéder au décodage de ces valeurs fonctionnelles dans leur variabilité, spécialement ici pour la configuration manuelle. Les dynamiques observées s'inscrivent, en effet, à la fois en simultanéité et en séquentialité. Dans la simultanéité, à un niveau qu'on pourrait

6. Pointé orienté sur le Spécificateur de Taille et de Forme renvoyant au port.

7. Spécificateur de Taille et de Forme – renvoyant à une route – associé à un mouvement sinueux localisé débutant au-dessus du Spécificateur de Taille et de Forme – renvoyant au port – maintenu par la main gauche et s'achevant en un point de l'espace situé relativement plus bas que la main gauche.

8. La commande *Tokéniser l'acteur* laisse la liberté au transcripteur de choisir l'élément de segmentation utilisé pour découper les éléments transcrits dans la piste indiquée.

qualifier de lexical donc, l'annotation du segment "stf-surface-plate" par exemple produit par la MD permet d'illustrer la variabilité fonctionnelle de cette configuration manuelle à laquelle on peut assigner 3 valeurs différentes selon le focus descriptif réalisé : main-plate d'un point de vue articulatoire, surface-plate d'un point de vue lexical/sémantique et stf d'un point de vue morphosyntaxique. Dans la séquentialité, à un niveau impliqué dès lors dans l'élaboration plus largement syntaxique, le glissement observé dans les premiers segments d'un signe bimanuel ([stf-volume-cylindrique-(port)-demi-cercle]) [9] maintenu par la seule MG ([stf-port—]) implique un glissement de la valeur de la configuration manuelle passant d'une valeur descriptive à une valeur anaphorique, et ainsi d'un statut de stf à un statut de *proforme manuelle*. Ces glissements en simultanéité ou en séquentialité illustrent particulièrement bien comment les dynamiques articulatoire, lexicale et syntaxique s'enchevêtrent dans une partition langagière dont la lecture se fait à la fois verticalement, en portée, et, horizontalement, dans l'élaboration de chacune des mesures donnant au bout du compte à appréhender le morceau discursif plus largement dans son ensemble.

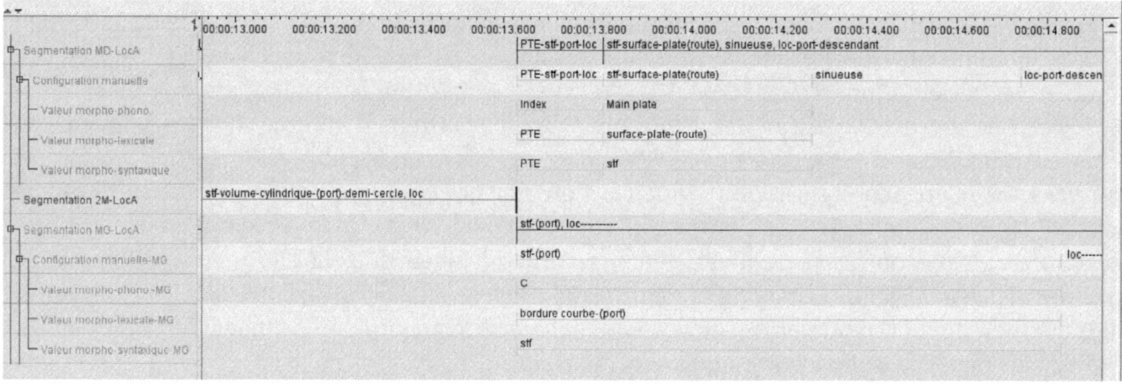

FIGURE 5 – Exemple de transcription/annotation des dynamiques liées à la configuration manuelle

Ainsi, si l'élaboration-même de cette grille d'annotation est basée sur le modèle des dynamiques iconiques, elle permet de le nourrir aussi.

Une piste fille supplémentaire : valeur de la production

Par ailleurs, il nous a paru pertinent, afin de ne pas restreindre la perspective d'annotation aux seuls éléments gestuels linguistiques *strico sensu* – *i.e.* inscrits dans la langue, à quelque niveau que ce soit –, d'ajouter, aux 3 pistes filles précédentes, une piste fille supplémentaire qui permette d'inscrire le statut linguistique ou non des éléments annotés :

- **Valeur de la production** : liée à l'inscription langagière de la production : articulatoire, linguistique, non-verbale.

Cette ligne permet ainsi de rendre compte des phénomènes de transition articulatoire notamment que nous avons illustrés plus haut ainsi que des phénomènes gestuels participant à l'expression

9. Ce signe est peut-être lexicalisé dans la région de Marseille. N'ayant aucune certitude sur le statut de cet élément, nous avons choisi de désigner cette unité sous la forme d'un stf.

plus largement langagière du sujet. Dans la démarche de description multimodale qui est la nôtre, intégrer cette ligne dans l'annotation des unités de "bas niveaux" ouvre des perspectives pour alimenter les réflexions concernant l'élaboration d'outils d'annotation des procédés gestuels non systématisés dans une forme linguistique en LSF – et spécialement lorsqu'il s'agit d'annoter des productions discursives enfantines. Cette remarque ouvre, en elle-même, les perspectives qui restent à explorer autour de la question de la segmentation des unités de "bas niveaux".

4 Annotation

Avant d'ouvrir sur ces perspectives, nous proposons de synthétiser nos réflexions en détaillant plus concrètement l'esquisse de la grille de transcription/annotation à laquelle nous avons abouti. Nous commencerons par donner un aperçu synthétique de nos propositions en détaillant la hiérarchie de la grille de transcription/annotation proposée ainsi que les conventions de notation appliquées. Nous finirons par expliciter plus finement les critères de segmentation qui ont émergé au terme de nos réflexions.

4.1 Aperçu synthétique de la grille proposée pour annoter les unités de "bas niveaux"

La hiérarchie de la grille de transcription/annotation que nous proposons peut être représentée synthétiquement de la façon suivante – cf. pour une présentation détaillée de chacune des lignes le tableau situé en Annexe. L'impression écran ci-dessous détaille les lignes de transcription/annotation associées à la production de chaque locuteur, ici le LocB.

Parmi les 8 pistes principales associées à la transcription des productions des différents articulateurs servant l'expression langagière du locuteur se distinguent les 3 pistes associées à la transcription des productions manuelles (*Segmentation MD, Segmentation MG, Segmentation-2M*) d'une part, et les 5 pistes associées à la transcription des articulateurs non-manuels (*Segmentation Regard, Segmentation Tête, Segmentation Buste, Segmentation Visage, Segmentation Bouche*). Seules les 3 pistes de transcription des productions manuelles sont affinées par 3 pistes filles visant à annoter la valeur fonctionnelle des unités de bas niveaux segmentées et/ou des éléments infra-articulés les composant (cf. la discussion menée en section 2.2.1) : *Configuration manuelle, Mouvement, Emplacement*). Sur ces pistes filles, les éléments infra-articulés des unités de bas niveaux transcrites sont segmentées automatiquement par la commande *Tokéniser l'acteur*. Sur la base de cette segmentation, pour chaque élément infra-articulés est annotée, si il y a lieu, la valeur langagière (*Valeur*), la *valeur phonologique*, la *valeur (morpho-)lexicale, valeur (morpho-)syntaxique*.

Par ailleurs, pour faciliter la lisibilité des transcriptions, des symboles et abréviations ont été utilisées.

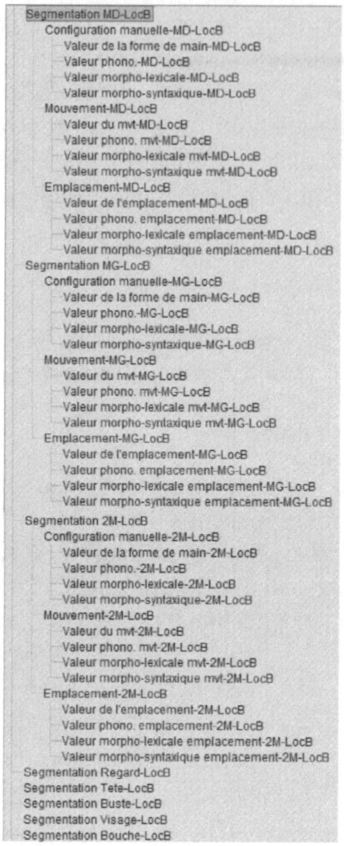

FIGURE 6 – Aperçu synthétique de la hiérarchisation de la grille proposée

4.2 Conventions de transcription

4.2.1 Caractères ayant un rôle spécifique dans la segmentation des unités de bas niveaux

Les symboles ayant un rôle dans la segmentation des unités de bas niveau sont détaillés dans le tableau suivant :

-	caractère de liaison des gloses des différentes parties sémantiques d'une même unité
,	caractère de séparation des éléments infra-articulés constituant une unité
- - - -	caractère indiquant le maintien d'une production
xxx	interruption d'une production
ESQ.	production esquissée

TABLE 1 – Liste des symboles utilisés

4.2.2 Abréviations et symboles utilisés dans la transcription

Les abréviations utilisées pour décrire les mouvements ou pour catégoriser la valeur linguistique notamment des segments annotés sont détaillés dans le tableau suivant :

pr.	proforme manuelle
pr-corp.	proforme corporelle
stf	spécificateur de taille et de forme
conf.	configuration manuelle
emp.	emplacement
mvt	mouvement
CD	côté droit
CG	côté gauche
B	bas
BD	bas droit
BG	bas gauche
Arr.	arrière
Avt	avant
Dvt	devant
Pce	pouce
->	orientation vers

TABLE 2 – Liste des abréviations utilisées

Afin de parachever l'aperçu synthétique que nous venons de donner, il convient de s'attarder sur les critères de segmentation utilisés.

4.3 Reconduire aux frontières les éléments différents : critères de segmentation utilisés

Si l'application de la segmentation dans les lignes associées aux éléments non-manuels ne pose pas trop de problème, en revanche, la segmentation des unités de productions manuelles est beaucoup plus délicate.

Un des extraits donné précédemment (cf. ex.3) constitue une source particulièrement riche en grain à moudre pour expliciter synthétiquement les critères de segmentation adoptés. La figure suivante (7) reprend cet extrait en détaillant l'ensemble des lignes d'annotations composant la grille proposée.

Si nous nous concentrons en premier lieu sur le début de cet extrait, distinguer les segments produits par chacune des mains des segments produits par les deux mains ne porte pas réellement à discussion. Nous pouvons, en effet, assez aisément distinguer ces segments au regard de la valeur langagière qu'ils acquièrent – *articulatoire vs linguistique*. Le stf produit par les deux mains composant un signe bi-manuel ("stf") peut être distingué de ceux produits par chacune des mains que nous avons catégorisés comme des éléments de "*transition articulatoire*". En revanche, la segmentation des productions de chacune des mains en des segments différents demandent une

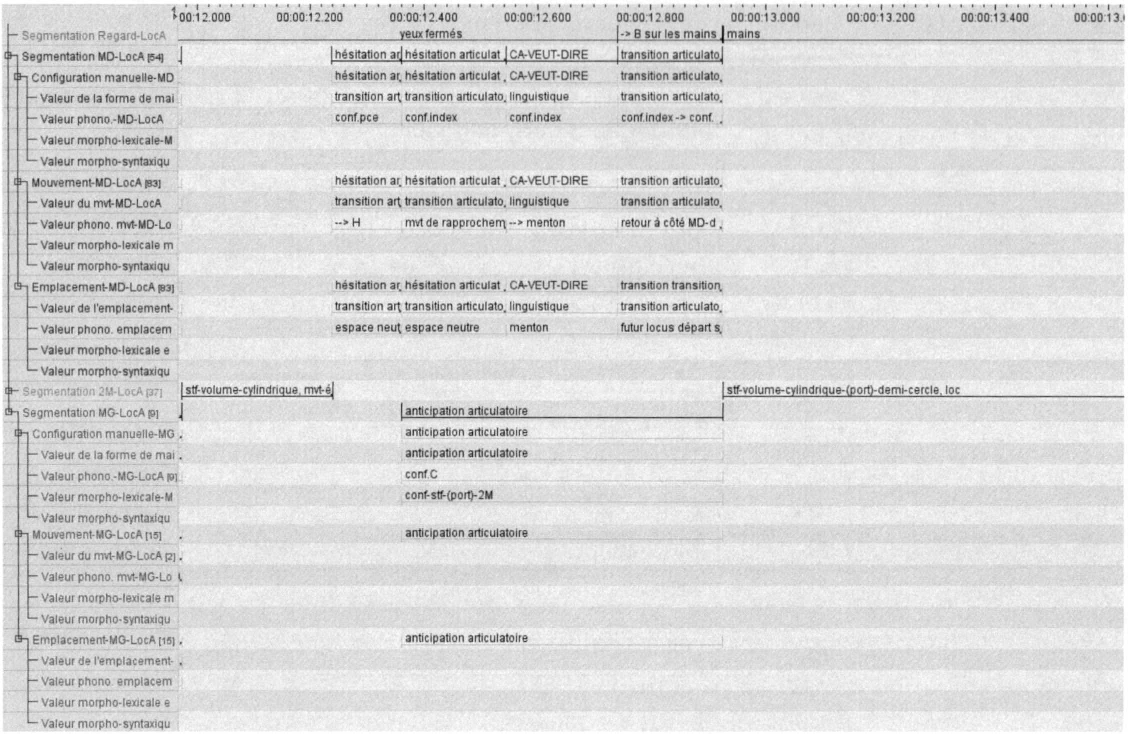

FIGURE 7 – Illustration des critères de segmentation

explicitation plus fine qui fait émerger un autre critère de segmentation que celle déterminée par la valeur langagière.

En effet, parmi les segments qui font suite au stf produit par les 2M, deux mouvements inachevés successifs produits par la main droite ont été distingués comme deux segments distincts marquant "*l'hésitation articulatoire*" alors qu'un seul segment n'a été identifié pour la main gauche (MG), glosé comme une "*anticipation articulatoire*" du stf produit bi-manuellement dans la suite du discours. Si deux segments peuvent être distingués dans la production MD c'est en fonction notamment du changement formel des éléments infra-articulés composant l'unité, comme permet de le mettre en évidence les pistes filles. Entre ces deux segments, on observe, en effet, un changement de configuration manuelle (*configuration pouce* puis *configuration index*) ainsi que deux mouvements distincts (*mvt -> H* puis *mvt de rapprochement -> MG*). A l'inverse donc si un seul segment a été distingué dans la production MG c'est notamment parce que ces changements formels ne sont pas observés à l'intérieur du segment qui correspond à une transition en continue vers le stf, transition incarnée par un mouvement de rapprochement à la fois formel et situationnel de la MG vers la configuration manuelle et le locus où sera produit le stf.

Si nous nous penchons enfin exclusivement sur la distinction des segments relevant de l'hésitation, de l'anticipation ou de la transition articulatoire, un troisième critère émerge. L'identification, parmi ce passage de "flou discursif", de différents segments est, en effet, renforcée par plusieurs éléments langagiers intervenant en séquentialité et/ou en simultanéité. D'une part, les signes lexicaux qui encadrent cet extrait appuient l'interprétation de ces segments comme relevant tous d'une valeur *articulatoire* : le même signe bi-manuel (*stf-volume-cylindrique-(port)-demi-*

cercle, loc) produit à l'identique indique, en effet, une auto-reprise du signe lexical produit, un retour en arrière, une reformulation propre à l'oral, qui est appuyée, amorcée par le signe à valeur métalinguistique (CA-VEUT-DIRE). D'autre part, les éléments non-manuels et notamment le regard permet d'appuyer la distinction que nous proposons entre les gloses et les frontières de ces segments à valeur articulatoire. L'interprétation du segment produit par la MD comme un élément de "transition articulatoire" est soutenu, en effet, par les segments identifiés sous la ligne regard. Le locuteur passe, en effet, des yeux clos à un regard orienté vers le bas puis focalisé sur les mains indiquant l'implication du regard dans le procédé d'association du locus au stf.

Ainsi, comme nous venons de l'expliciter sur la base de cet extrait, les critères de segmentation appliqués initialement assez intuitivement font émerger des critères perceptuels et/ou catégoriels de segmentation qui peuvent être formalisés de la façon suivante :
- les frontières des segments sont établies sur une distinction formelle : modification d'un ou plusieurs éléments infra-articulés au cours de la production
- les frontières des segments sont établies sur une distinction catégorielle : à savoir la valeur langagière du segment (linguistique, articulatoire, discursive, entre autres).

Un autre critère peut être ajouté aux précédents :
- la prise en compte de la co-articulation de segments produits par des articulateurs différents

C'est très majoritairement sur une combinaison de ces critères que le positionnement des frontières de début et de fin des unités ont été effectuées pour la transcription du corpus proposé.

Cette grille n'est évidemment pas définitive, on pourrait même dire qu'il s'agit encore d'une ébauche tant les questions soulevées par la segmentation, d'une part, et la question d'un « bas niveau », d'autre part, sont d'une complexité redoutable.

5 Pour ne pas conclure sur la question des unités de "bas niveaux" : ouvertures

On soulignera quelques points qui mériteront attention dans les réflexions futures sur l'analyse des productions langagières présentes dans les énoncés en LSF. Nous entendons par « production en LSF » des discours dont la LSF est le support linguistique évident, mais qui peuvent manifester, d'une part, des formes diverses de bilingualité – par le biais de labialisations et/ou de vocalisations [10] – et, d'autre part, des mises en œuvre de ressources non verbales bimodales [11] – spécialement les bruits et/ou onomatopées [12] et les gestes, dont la délimitation dans le cadre d'un discours gestuel est encore, en l'état actuel de la recherche, peu aisée. Un ensemble donc de ressources et de productions potentielles que nous n'avons pu aborder ici puisque nous nous sommes, au bout du compte, concentrées essentiellement sur les dimensions linguistiques portées par la LSF. Il s'agira dans l'avenir d'interroger la question de la segmentation sur l'ensemble des ressources, mais aussi de décrire et d'interpréter leurs combinatoires et leurs relations in-

10. Que nous ne considérons évidemment pas comme constitutives de la LSF, comme a pu le faire, entre autres, Séro-guillaume 2008 mais comme l'actualisation en discours d'un répertoire bilingue – voir les discussions que nous avons pu développer ailleurs sur le statut des labialisations (Estève, 2011) et (Millet *et al.*, 2008)

11. Les vidéos fournies pour le DEGELS ne permettaient pas, puisqu'elles ne contenaient pas de fichier son, de juger de l'inscription modale des mouvements de bouche produits par les locuteurs.

12. Nous entendons "onomatopées" dans un sens plus large que ce qui est habituellement désigné par ce terme en intégrant l'ensemble des *vocalisations symboliques* qui ne sont pas nécessairement spécifiées dans un sens conventionnel et linguistiquement/culturellement déterminé, comme l'est par exemple le chant du coq.

tersémiotiques, compte tenu de la simultanéité induite par la gestualité et la bimodalité. Il s'agira aussi de se pencher plus largement sur la gestualité non linguistique introduite dans les discours en LSF, dont les contours sont, encore aujourd'hui, à mettre au jour. Ces perspectives descriptives ancrées dans la réalité des productions langagières qui puisent dans l'ensemble des ressources d'un répertoire langagier combinant, au gré des situations, ressources verbales et non verbales dans chacune des deux modalités, se décentre, à l'évidence, d'un projet de description linguistique *stricto sensu*. Elles nous paraissent cependant mieux à même de rendre compte de l'essence discursive de ce qui constitue la *compétence de communication* (Hymes, 1984) d'un être de langage – au sens de *personne langagière, sujet parlant et interagissant* (Delamotte-Legrand, 1997, 1998) – qui se construit et se transforme dynamiquement dans et par l'interaction. Et, puisque c'est aussi l'un des objets de nos recherches, il s'agira d'être mieux à même d'appréhender les contours multimodaux de ce répertoire communicatif dans ses étapes hétérogènes de construction qui passent sans aucun doute par une appréhension – fût-elle épilinguistique ou, dirons-nous, épilangagière – ainsi que par une restitution – plus ou moins conforme aux normes (socio)linguistiques – des unités constitutives du discours – quel que soit leur niveau de segmentation et leur variabilité fonctionnelle.

6 Annexes

Le tableau suivant détaille les caractéristiques de chacune des lignes utilisées et leur relation de dépendance [13].

Pistes			Type linguistique	Descriptif
Segmentation MD/MG/2M			None	Transcription des productions manuelles main droite
	Configuration manuelle		Symbolic Subdivision	Segmentation automatique des éléments infra-articulés
		Valeur de la forme de main Valeur phono. Valeur morpho-lexicale Valeur morpho-syntaxique	Symbolic Association Symbolic Association Symbolic Association Symbolic Association	valeur langagière de la forme de main valeur phonologique de la forme de main valeur morpho-lexicale de la forme de main valeur morpho-syntaxique de la forme de main
	Mouvement		Symbolic Subdivision	Segmentation automatique des éléments infra-articulés droite
		Valeur du mvt Valeur phono. Valeur morpho-lexicale Valeur morpho-syntaxique	Symbolic Association Symbolic Association Symbolic Association Symbolic Association	valeur langagière du mouvement valeur phonologique du mouvement valeur morpho-lexicale du mouvement valeur morpho-syntaxique du mouvement
	Emplacement		Symbolic Subdivision	Segmentation automatique des éléments infra-articulés droite
		Valeur de l'emplacement Valeur phono. Valeur morpho-lexicale Valeur morpho-syntaxique	Symbolic Association Symbolic Association Symbolic Association Symbolic Association	valeur langagière de l'emplacement valeur phonologique l'emplacement valeur morpho-lexicale l'emplacement valeur morpho-syntaxique l'emplacement
Segmentation Regard			None	Transcription des productions articulées par les yeux
Segmentation Bouche			None	Transcription des productions articulées par la bouche
Segmentation Tête			None	Transcription des productions articulées par la tête
Segmentation Visage			None	Transcription des productions articulées par le visage
Segmentation Buste			None	Transcription des productions articulées par le buste

TABLE 3 – Description détaillée de la grille de transcription/annotation

13. En l'état actuel de nos propositions, la grille actuelle n'inclut pas de vocabulaire contrôlé bien qu'il soit non seulement envisageable et nécessaire pour certaines lignes tels que notamment les lignes destinées à statuer sur la valeur langagière des éléments. Pour ce type de ligne, au terme de notre transcription de ce corpus, nous pouvons d'ores et déjà distinguer trois valeurs différentes : linguistique, transition articulatoire et discursive. Afin d'établir un vocabulaire contrôlé il serait nécessaire toutefois d'enrichir ces observations par la confrontation avec d'autres corpus adultes et enfantins. Cela permettrait, en laissant les lignes "en transcription libre" pour le moment de ne pas enfermer les productions dans une liste fermée de valeurs possibles en laissant ouvert le champ des potentialités langagières intervenant dans les discours des locuteurs de la LSF.

Références

Cuxac, C. (2000). Compositionnalité sublexicale morphémique-iconique en langue des signes française. *Recherches linguistiques de Vincennes*, (29):55–72.

Delamotte-Legrand, R. (1997). Langage, socialisation et construction de la personne. *In* Delamotte-Legrand, R., François, F. et Porcher, L., éditeurs : *Langage–éthique–éducation : perspectives croisées*, pages 63–117. Publications de l'Université de Rouen, Rouen.

Delamotte-Legrand, R. (1998). De l'hétérogénéité en acquisition. *Bulletin de la Société de Linguistique de Paris*, 93(1):137–156.

Estève, I. (2011). *Approche bilingue et multimodale de l'oralité chez l'enfant sourd : outils d'analyse, socialisation, développement.* Thèse de doctorat, Université de Grenoble, Grenoble.

Estève, I. et Millet, A. (2011). Transcrire et annoter les relations sémantico-syntaxiques de la multimodalité dans les productions des enfants sourds. *Travaux Linguistiques du CerLiCO*, 24:31–49.

Hymes, D. (1984). *Vers la compétence de communication*. Hatier, Paris.

Kendon, A. (2004). *Gesture : Visible action as utterance*. Cambridge University Press.

Millet, A. (1997). Réflexions sur le statut du mouvement en lsf-aspects lexicaux et syntaxiques. *Lidil*, 15:11–30.

Millet, A. (1998). Typologie des signes et structuration du lexique en LSF - réflexions autour de la notion d'unité linguistique intermédiaire. In S. Santi, I. Guaïatella, C. Cavé, & G. Konopczynski (Éds.), *Oralité et gestualité communication multimodale, interaction : Actes du colloque Orage'98*. Paris : L'Harmattan.

Millet, A. (2002). Les dynamiques iconiques et corporelles en langue des signes franéaise (lsf). *Lidil*, 26:27–44.

Millet, A. (2007). Bilingual cross-modal communicative practices of young deaf adults. *In 6th International symposium on bilingualism*. University of Hamburg : 30 mai - 2 juin 2007.

Millet, A. et Estève, I. (2009). Contacts de langues et multimodalité chez des locuteurs sourds : concepts et outils méthodologiques pour l'analyse. *Journal of Language Contact*, Varia 2:111–133.

Millet, A. et Estève, I. (2010a). Transcribing and annotating multimodality : How deaf childrens productions call into the question the analytical tools. *Gesture*, 10(2/3):297–320.

Millet, A. et Estève, I. (2010b). Transcrire et annoter la multimodalité : quand les productions des enfants ré-interrogent les outils de transcription. *Lidil*, 42:9–33.

Millet, A., Estéve, I. et Guigas, L. (2008). Pratiques communicatives de jeunes sourds adultes. Rapport pour la délégation générale à la langue française et aux langues de france, Lidilem, Université de Grenoble. [en ligne : `http://halshs.archives-ouvertes.fr/halshs-00419204_v1/`].

Millet, A., Niederberger, N. et Blondel, M. (à paraître en 2011). Langue des signes française (LSF) : French sign language of france and switzerland. *In* Hansen, J., McGregor, B. et de Clerk, G., éditeurs : *The World's Sign Languages*.

Moody, B. *et al.* (1983). *La langue des signes, Tome 1 : Histoire et grammaire*. International Visual Theatre (IVT). Éditions Ellipses, Vincennes.

MORGAN, G. et WOLL, B. (2003). The development of reference switching encoded through body classifiers in british sign language. *In* EMMOREY, K., éditeur : *Perspectives on classifiers construction*. Lawrence Erlbaum Associates, Mahwah, New Jersey.

NEVE, F. (1992). " phonologie" ou gestématique des langues des signes des sourds : Gestèmes, allogestes et neutralisations ? *La linguistique*, 28(1):69–93.

SÉRO-GUILLAUME, P. (2008). *Langue des signes, surdité et accés au langage*. Editions du Papyrus, Montreuil.

STOKOE, W. (1960). Sign language structure : An outline of the visual communication systems of the american deaf. *Studies in Linguistics, Occasional Papers*, 8.

VOISIN, E. et KERVAJAN, L. (2007). Typologie des verbes et formes verbales non marqués en lsf : incidences sur l'organisation syntaxique. *Silexicales*, (5):157–170.

Influence de la segmentation temporelle sur la caractérisation de signes

F. Lefebvre-Albaret *J. Segouat*
WebSourd, 99 route d'Espagne, 31 100 Toulouse
francois.lefebvre-albaret@websourd.org
jeremie.segouat@websourd.org

RÉSUMÉ

La segmentation temporelle des unités signifiantes des Langues des Signes est un problème délicat car il demande de se baser sur de nombreux indices. Pourtant, la délimitation du début et de la fin du signe est souvent une étape nécessaire, préalable à leur caractérisation. Nous explorons dans cet article la façon dont la caractérisation des signes peut être influencée par une variation de la segmentation. En prenant l'exemple de la caractérisation du mouvement, nous montrons comment la définition de critères de segmentation basés sur le mouvement ou les configurations manuelles peut influencer la robustesse des caractéristiques aux variations de frontière temporelle. Nous montrons aussi comment la nature de la mesure effectuée sur le segment (maximum, moyenne, valeurs aux frontières temporelles) influe sur la sensibilité à la segmentation temporelle.

ABSTRACT

Influence of the temporal segmentation on the sign characterization

Temporal segmentation of meaningful units in sign language utterances is a difficult problem because it requires a combination many informations. However, it is often necessary to find the beginning and the end of signs before making their characterization. In this article, we show how the characterization of the signs may be influenced by a variation of their segmentation. Taking the example of the movement characterization, we indicate how the definition of segmentation criteria based on movement or manual configurations can influence the robustness of the characterization to variations of the segment temporal boundaries. We also show how the nature of the measurement made on the segment (maximum, average, values on temporal boundaries) affects the sensitivity to temporal segmentation.

MOTS-CLÉS : Langue des Signes Française, caractérisation, segmentation.

KEYWORDS: French Sign Language, characterization, segmentation.

1 Introduction

Dans le domaine de l'étude des Langues des Signes (LS), la délimitation du début et de la fin des signes est une étape nécessaire, préalable à l'annotation d'unités signifiantes. Cette étape de segmentation est très difficile à expliciter car elle s'appuie sur une prise en compte simultanée de nombreux critères que chaque annotateur peut définir et prioriser différemment.
Dans cette contribution, nous montrons dans un premier temps pourquoi ce problème de segmen-

tation des signes est si délicat. En nous basant sur le corpus proposé pour ce défi gestuel, nous décrivons comment la segmentation peut être utilisée pour caractériser les mouvements utilisés en LS et nous discutons de l'impact d'une variation de segmentation sur cette caractérisation.

2 Quelques critères de segmentation

Lorsqu'on demande à plusieurs annotateurs de délimiter approximativement les signes manuels composant un énoncé en LS, on note généralement une bonne concordance des segmentations à l'exception des signes composés et des unités de grande iconicité. Des études comme (Brentari et Wilbur, 2008) tendent à montrer que la simple régularité phonologique des signes peut mener à une segmentation en signe indépendante de la compréhension des signes. Une expérimentation présentée dans (Lefebvre-Albaret, 2010) montre également que dans de nombreux cas, la seule connaissance du mouvement des mains du signeur permet d'effectuer une segmentation cohérente en signe, sans avoir besoin de comprendre l'énoncé segmenté. Dans les travaux qui précèdent la question est davantage la délimitation approximative d'unités signifiantes que la localisation précise des frontières temporelles du signe. La formulation de critères objectifs permettant de segmenter précisément les signes avec une méthode partagée par plusieurs annotateurs reste encore un problème ouvert.

Ce problème de segmentation pourrait paraître relativement aisé si les productions signées suivaient un modèle phononétique comme celui proposé dans (Liddell et Johnson, 1989) dans lequel un signe est réalisé comme une suite de plusieurs évènements :

- **postures** durant lesquelles les paramètres manuels (position, configuration et orientation) sont stabilisés,
- **transitions** qui permettent de passer d'une posture à l'autre
- **tenues** durant lesquelles l'ensemble des valeurs des paramètres est conservé.

De notre point de vue, la réalité d'énoncés en LS est bien différente et met en œuvre des phénomènes de coarticulation (Segouat, 2010) résultant de l'influence mutuelle des signes. Chacun des paramètres du signe peut alors subir une modification en fonction des signes qui sont situés avant ou après lui. En particulier, la configuration d'une fin de signe peut varier en fonction de la configuration du signe suivant. Un autre phénomène qui se produit même dans la production de signes isolés est la stabilisation de la configuration avant le début du mouvement (Koech, 2007) qui avait déjà été observée depuis longtemps pour la LSF par (Jouison, 1990) cité par (Hanke *et al.*, 2011), et qui commence à être prise en compte dans les modèles permettant la synthèse de LS par les signeurs virtuels (Hanke *et al.*, 2011). D'autres facteurs peuvent également compliquer la définition de critères de segmentation. Parmi eux, citons les hésitations, les signes réalisés partiellement dans lesquels la réalisation du signe diffère largement de sa version isolée. Pour les raisons que nous venons d'évoquer, le fait de définir systématiquement le début et la fin d'un signe en contexte comme une stabilisation simultanée des paramètres qui le définissent est vouée à l'échec dans le cas général.

Il peut alors être tentant de définir le début et la fin des signes à partir d'un seul paramètre qui serait le plus saillant (par exemple : les frontières d'un signe sont marquées par un changement de configuration). Ceci n'est pas non plus réaliste car il arrive qu'un paramètre d'un signe soit identique au même paramètre du signe suivant (par exemple, un signe s'achève par la configuration *poing fermé* et le signe suivant commence par cette même configuration). Pour cette raison, il est souvent nécessaire de définir des critères applicables dans la majorité des cas et d'autres critères de substitution qui permettent de couvrir les autres cas.
Une fois que des critères de segmentation ont été définis précisément, il n'est pas non plus aisé de les appliquer systématiquement aux vidéos en LS car l'information nécessaire n'est pas toujours disponible dans les enregistrements. Ainsi, il arrive fréquemment qu'une vue de face du signeur, prise isolément, conduise à sous-estimer les mouvements hors-plan (dans le sens de la profondeur) et à conclure, à tort, à une absence de déplacement de la main. D'autre part, si la résolution temporelle ou spatiale de la vidéo s'avère insuffisante, il sera difficile de localiser d'une manière fiable l'instant où l'un des paramètres du signe reste stable.

3 Segmenter pour caractériser

Il n'est pas inutile de se poser la question de l'utilité, ou de l'utilisation ultérieure d'une segmentation car celle-ci peut varier selon les contextes d'étude et va influencer à la fois les critères utilisés et la précision de la délimitation des frontières des signes. Il est par exemple tout à fait acceptable d'un point de vue méthodologique de travailler avec une segmentation approximative (à $1/10^e$ de seconde près) d'unités si le but est uniquement d'en effectuer une reconnaissance automatique dans la mesure où seule une quantification des insertions, substitutions et délétions sera effectuée in fine.
En revanche, il peut être utile de définir beaucoup plus précisément les critères de segmentation dans les cas où la délimitation des frontières temporelles du signe est utilisée ultérieurement pour effectuer des mesures de caractérisation de l'unité (ouverture de la main, emplacement, vitesse de déplacement, durée etc.). Cela permet à la fois d'utiliser des critères de caractérisation comparables entre les différents signes et de rendre les mesures reproductibles par la communauté scientifique. Dans cette optique, il est tout à fait envisageable d'utiliser des critères de segmentation différents en fonction de l'application visée. En particulier, il peut être judicieux d'utiliser comme critère principal de segmentation, une mesure du paramètre sur lequel va porter la caractérisation (configuration, si on cherche à caractériser des angles entre les phalanges, ou bien mouvement, si on cherche à mesurer des amplitudes de signe par exemple).

4 Exemple de la caractérisation du mouvement

Nous illustrons l'importance du choix de critère de segmentation, pour la caractérisation du mouvement des signes utilisés dans le corpus DEGELS (référencé sous l'identifiant oai:crdo.fr:crdo000767 au SLDR d'Aix-En-Provence) capturé à 25 images par seconde.
Nous utilisons comme critère de segmentation du signe, la concordance de tous les paramètres manuels du signe avec sa définition (emplacement des mains par rapport au corps, emplacement relatif des mains, stabilisation de la configuration, stabilisation de l'orientation, pause du mouvement etc.). Ces critères peuvent être interprétés de manière subjective, d'autant plus qu'il

n'existe pas actuellement de définition unique de la notion de signe, problématique que nous laissons volontiers à la communauté des chercheurs en linguistique. Lorsque la configuration du signe est déjà stabilisée, mais qu'on ne se trouve pas entre les instants postures de début et de fin de signe marquées par un mouvement minimal, nous notons également les phases de préparation et de tenue du signe en nous inspirant de la démarche décrite dans (Kita *et al.*, 1998).
Nous visualisons directement les configurations, les orientations et les emplacements grâce aux deux vues dont nous disposons. Un indicateur objectif du mouvement dans une vidéo est la différence entre deux images successives d'une vidéo. Nous avons donc calculé cette distance inter-image en utilisant uniquement la partie droite de l'image correspondant au signeur dont nous segmentons le discours et en pondérant les différences inter-images relatives aux parties supérieures et inférieures de la vidéo (vues de face et de profil). Cette mesure est potentiellement critiquable en ce sens qu'elle prend aussi bien en compte le déplacement du buste que celui des mains, qu'elle surestime les mouvements selon l'axe vertical (pas de vue de dessus) et qu'elle est sensible à l'habillement et à l'éclairage du signeur. Toutefois, cet indicateur s'est révélé suffisamment fiable pour détecter les pauses ou les variations brusques dans les mouvements manuels.

Le processus de segmentation proprement dit a duré 3 heures auxquelles viennent s'ajouter 15 minutes de vérification.

4.1 Schéma d'annotation utilisé

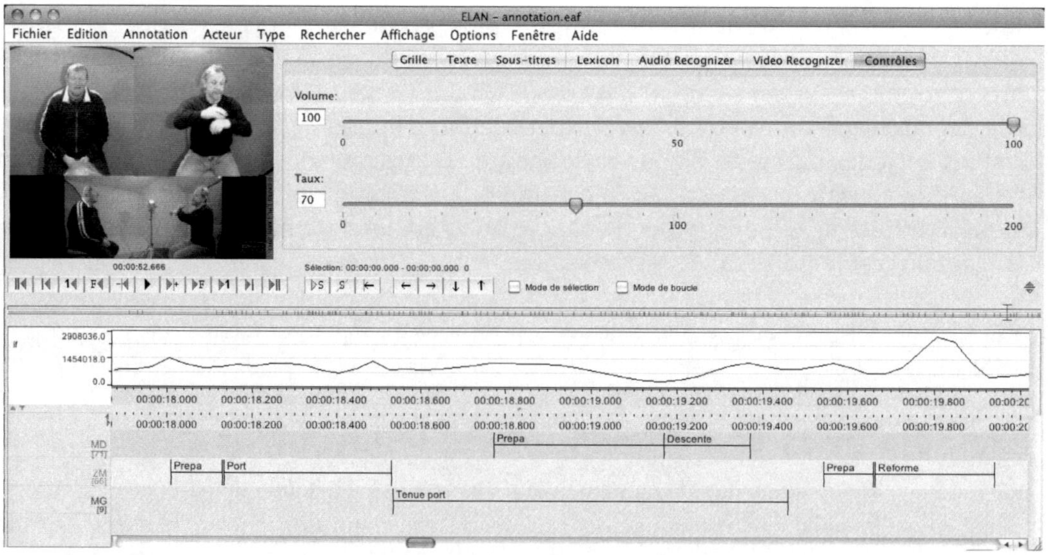

Figure 1: Capture d'écran de la fenêtre ELAN pendant le processus d'annotation.

Les pistes d'annotation sont structurées de la manière suivante :

- **IF** : Distance inter-image,
- **MD** : Segmentation des signes effectués par la main droite,
- **2M** : Segmentation des signes effectués avec les deux mains,
- **MG** : Segmentation des signes effectués par la main gauche.

La valeur des annotation est parmi les valeurs suivantes :

- **Glose** correspondant au signe segmenté,
- **Prepa** pour la préparation d'un signe,
- **Tenue** suivi de la glose du signe dont on effectue la tenue.

4.2 Dénombrement des critères utilisés pour la segmentation

Nous avons dénombré *a posteriori* les paramètres qui nous avaient permis d'effectuer la segmentation du début et de la fin des différents signes en notant la fréquence des différents phénomènes utilisés. En d'autres termes, nous observons les changements de paramètre entre l'image située à la frontière du signe et l'image précédente (pour la frontière de début) ou l'image suivante (pour la frontière de fin). Les notations utilisées sont les suivantes :

- **Mvt min** : Mouvement minimal des mains du signeur,
- **Mvt max** : Mouvement maximal des mains du signeur,
- **Emp** : Point de rebroussement ou changement brusque de la trajectoire des mains par rapport au corps,
- **Emp rel** : Point de rebroussement ou changement brusque de la trajectoire d'une main par rapport à l'autre,
- **Ori** : Variation minimale de l'orientation du signe,
- **Conf** : Première ou dernière image où la configuration manuelle est stabilisée.

Nous notons le nombre de fois où chaque critère est utilisé pour effectuer une segmentation de signe. Il est important de noter qu'une frontière de signe peut tout a fait être marqué par plusieurs phénomènes.

	Emp Rel	Conf	Emp	Emp + Ori	Ori	∅
Mvt Min	3	2	2	1	1	31
Mvt Max	0	3	0	0	0	7
∅	0	5	3	0	1	0

Figure 2: Fréquence d'utilisation des critères de segmentation pour détecter le début du signe

	Emp Rel	Emp Rel + Conf	Conf	Conf + Emp	Emp	Ori	∅
Mvt Min	1	1	9	1	1	3	24
Mvt Max	1	0	4	1	0	1	0
∅	3	0	7	0	2	2	0

Figure 3: Fréquence d'utilisation des critères de segmentation pour détecter la fin du signe

Nous voyons d'après les statistiques que les frontières temporelles de début de signe se situent dans plus de 2/3 des cas sur des pauses dans lequel le mouvement est minimal, ou sur des instants où le mouvement mesuré est maximal (qui correspondent en fait à des changements brusques de trajectoire, ou des instant où le mouvement devient plus contrôlé et ralenti). Dans $1/7^e$ des cas, les changements de configuration sont utilisés surtout comme marqueur de début et de fin dans des unités de très courtes durées. Les emplacements et les orientations sont également utilisés 1 fois sur 7.
Au niveau des marqueurs de fin de signe, les critères de mouvement sont utilisés pour plus de la moitié des signes, les changements de configuration sont utilisés 1 fois sur 4, tandis qu'$1/5^e$ des fins de signes sont détectées grâce à l'emplacement ou à l'orientation des mains. Il n'est pas surprenant que les changements de configuration soient davantage des marqueurs de fin de signe dans la mesure où il arrive fréquemment qu'elles changent avant l'instant de mouvement minimal de la main.
Pour chacun des segments ainsi définis, nous calculons les grandeurs suivantes qui se rapportent au mouvement pour les mains impliquées dans la production des signes :

- La **vitesse maximale** des mains (dans le cadre des signes bi-manuels, il s'agit de la plus grande des vitesses maximales des deux mains),
- La **longueur du déplacement** des mains entre le début et la fin du signe (pour les signes bi-manuels, nous utilisons la somme des longueurs des déplacements des deux mains),
- L'**étalement du signe** calculé à partir de la de la racine carrée de la somme des variances des coordonnées des trajectoires des mains.

Nous choisissons volontairement trois grandeurs qui portent respectivement sur une seule valeur située à l'intérieur du segment (des maxima), les bornes du segment (des déplacements) et l'ensemble des valeurs du segment (des variances).
Les différentes grandeurs sont déterminées à partir d'un suivi des positions des mains du signeur, effectué à la main image par image, de manière à éviter les potentiels décrochages dus à un suivi automatique.

5 Influence de la segmentation sur la caractérisation

Nous mesurons ensuite les mêmes grandeurs en décalant les frontières temporelles du signe d'une image vers l'avant et vers l'arrière, et en effectuant successivement cette opération pour le début puis la fin du signe (Nous rappelons que la vidéo est échantillonnée à 25 images par seconde).

Nous notons ensuite la variation des trois grandeurs causée par le changement de segmentation. Nous groupons les différents signes suivant les critères de segmentation utilisés pour délimiter le début ou la fin du signe (étant donné qu'il s'agit des critères les plus utilisés pour segmenter, nous distinguons uniquement les stratégies de segmentation utilisant les mouvements minimaux d'une part, et la stabilisation de la configuration d'autre part).
Pour noter les résultats, nous adoptons les conventions suivantes :

- **début-** : Erreur d'estimation entrainée par un décalage de la position du début du signe d'une image vers l'arrière,
- **début+** : Erreur d'estimation entrainée par un décalage de la position du début du signe d'une image vers l'avant,
- **fin-** : Erreur d'estimation entrainée par un décalage de la position de fin du signe d'une image vers l'arrière,
- **fin+** : Erreur d'estimation entrainée par un décalage de la position de fin du signe d'une image vers l'avant.

La formule utilisée pour déterminer l'erreur d'estimation sur une mesure est la suivante :

$$\frac{|Mesure - Mesure\ avec\ erreur\ d'estimation|}{Mesure}$$

5.1 Erreur dans l'estimation de la vitesse maximale

	Mvt min	Conf
début-	2,2%	9,4%
début+	1,1%	4,2%
fin-	1,5%	6,4%
fin+	0,7%	2,8%

Figure 4: Erreur d'estimation de vitesse maximale en fonction du type de variation des frontières du segment et du critère de segmentation

Dans le cas de l'estimation de la vitesse maximale, les erreurs rapportées sont des erreurs moyennes sur l'ensemble des signes de notre corpus, car l'erreur mesurée est relativement indépendante de la durée des segments.

5.2 Erreur dans l'estimation du déplacement entre le début de la fin du signe

Nous représentons dans le graphe qui suit l'erreur d'estimation du déplacement consécutif à un décalage de la position du début du signe de $-1/25^e$ s, en fonction de la durée du signe en milliseconde. Comme nous pouvons le voir, il y a une influence significative de la durée (d) sur l'erreur d'estimation (ϵ) que nous avons modélisé par une relation de la forme $\epsilon = \alpha d^{-\beta}$.

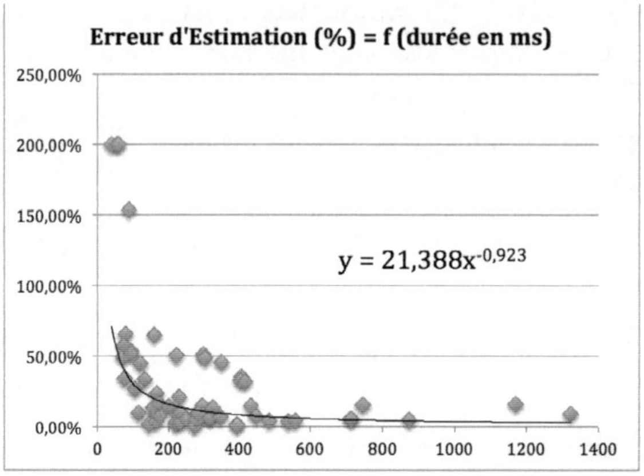

Figure 5: Erreur d'estimation du déplacement causé par une variation de la frontière de début du signe de $-1/25^e$ s

Nous effectuons donc systématiquement des régressions de manière à déterminer, d'après notre modèle, l'erreur d'estimation moyenne pour un signe d'une durée de 250 ms (valeur proche de la durée médiane de nos échantillons). Les résultats obtenus avec cette méthode sont les suivants :

	Mvt min	Conf
début-	9,8%	21,3%
début+	9,0%	24,6%
fin-	10,9%	13,9%
fin+	10,1%	17,5%

Figure 6: Erreur d'estimation du déplacement en fonction du type de variation des frontières du segment et du critère de segmentation

5.3 Erreur dans l'estimation de la dispersion du signe

La relation de dépendance entre l'erreur d'estimation de la dispersion et la durée du signe est de la même forme que celle évoquée pour le déplacement ($\epsilon = \alpha d^{-\beta}$). Les valeurs indiquées dans le tableau qui suit sont donc également des erreurs d'estimation pour des signes de 250 ms.

	Mvt min	Conf
début-	3,7%	7,5%
début+	5,8%	8,1%
fin-	5,4%	6,5%
fin+	3,2%	6,3%

Figure 7: Erreur d'estimation de la dispersion en fonction du type de variation des frontières du segment et du critère de segmentation

5.4 Analyse des résultats

Dans un premier temps, notons que l'erreur d'estimation sur les caractéristiques du mouvement est systématiquement plus importante en utilisant le critère de configuration qu'en utilisant le critère de mouvement minimal pour la segmentation. L'augmentation d'erreur est plus marquée pour l'estimation de la vitesse maximale, ainsi que pour le changement de délimitation du début de signe. Dans ces deux cas, l'erreur d'estimation passe du simple au double en changeant de critère de segmentation.

Les erreurs d'estimations sont fortement liées aux grandeurs caractérisées. Nous pouvons classer les mesures selon leur robustesse à la variation de segmentation :

- **Vitesse maximale** : très robuste au changement de segmentation
- **Dispersion** : moyennement robuste au changement de segmentation
- **Déplacement** : très peu robuste au changement de segmentation

Nous nous gardons de quantifier cette robustesse en raison du peu de données dont nous disposons dans cette expérimentation.

Il apparaît clairement que le sens de l'erreur de segmentation commise (segmentation trop large ou trop courte) peut influer différemment sur la précision de l'estimation. Cependant, les tendances sont dépendantes de la grandeur calculée, si bien qu'il ne nous est pas possible d'en tirer des conclusions générales pour la segmentation.

6 Utilisation des résultats pour la définition de critères de segmentation

A partir de l'analyse des résultats qui précèdent, nous pouvons mettre en lumière plusieurs éléments qu'il faut garder à l'esprit lors de la définition de critères de segmentation, si celle-ci est utilisée ultérieurement à des fins de caractérisation.
Pour caractériser le plus précisément possible un **segment** défini par deux **frontières** de début et de fin à l'aide de la combinaison de **mesures** prises à chaque instant dans le segment (par

exemple position des mains, rotations des articulateurs), il est possible de jouer sur plusieurs facteurs :

1. La **précision de la mesure** utilisée,
2. Le **critère de segmentation**. La caractérisation sera plus stable si la variation de la mesure aux frontières du segment est minimale,
3. La **résolution temporelle** des mesures (ou fréquence d'échantillonnage) qui permettra d'augmenter la précision de la segmentation,
4. La **construction de la mesure** de caractérisation qui devra donner un poids plus important aux mesures les plus éloignées des frontières du segment (et dont la prise en compte sera la moins affectée par une variation des frontières temporelles du segment),
5. La **taille des segments**. Plus le segment dure longtemps, moins la caractérisation sera affectée par une variation des frontières du signe.

Une des contribution de notre étude est d'avoir permis de quantifier les impacts des facteurs (2), (4) et (5).

7 Pour aller plus loin dans l'analyse de la relation entre segmentation et caractérisation

Nous avons introduit une méthode d'analyse de la sensibilité de la caractérisation à la segmentation appliquée aux mouvements manuels qui a conduit à une estimation de la précision de la caractérisation. Il serait nécessaire de poursuivre cette analyse avec des données de capture de mouvement pour s'affranchir des erreurs d'estimation causées par un suivi approximatif effectué à la main, ainsi qu'un corpus plus important.

Pour aller plus loin dans l'analyse de la robustesse des grandeurs de caractérisation du signe à la segmentation, il pourrait être intéressant de prendre en compte également d'autres facteurs :

- **La nature du signe caractérisé** : Il faudrait par exemple dissocier les signes impliquant des rotations, des mouvements répétitifs, des mouvements en aller-retour etc. (Lefebvre-Albaret et Dalle, 2008).
- **La nature de la caractéristique mesurée** : Il est probable que les modèles d'estimation d'erreur diffèreront pour des paramètres manuels et non manuel.
- **La prosodie** : Il est également probable que la robustesse de la mesure soit influencée par la manière dont sont exécuté les signes (nerveux, lent, petit espace de signation etc.).
- **Les biais systématiques** : Le changement de critère de segmentation peut entrainer une variation systématique dans l'estimation des paramètres (par exemple, une surestimation systématique de la durée d'un signe ou une sous-estimation de la vitesse moyenne du déplacement des mains).

L'étude de tous ces éléments permettrait de déterminer la meilleure manière de caractériser les différents types de signes, la manière optimale de les segmenter, et la sensibilité de la caractérisation aux segmentations.

L'application concrète de ces résultats fondamentaux permettrait à l'avenir de guider la communauté scientifique dans l'explicitation du protocole de caractérisation des signes afin de mentionner d'emblée les éléments qui pourraient influer de manière significative sur les résultats obtenus et rendre les caractérisation plus reproductibles. En cas de protocoles divergents pour les caractérisation de signes, la quantification des biais et erreurs permettrait d'évaluer la compatibilité entre des résultats d'analyse produits par plusieurs équipes, voire d'effectuer des méta-analyses en pondérant les résultats compte tenu de leur précision.

References

BRENTARI, D. et WILBUR, R. (2008). A cross-linguistic study of word segmentation in three sign languages, sign languages: spinning and unraveling the past, present and future. *Quadros (ed.). Editora Arara Azul. Petrópolis/RJ. Brazil.*

HANKE, T., MATTHES, S., REGEN, A., STORZ, J., WORSECK, S., ELIOTT, R., GLAUERT, J. et KENNAWAY, R. (2011). Using timing information to improve the performance of avatars. *In Second International Workshop on Sign Language Translation and Avatar Technology*, Dundee.

JOUISON, P. (1990). Analysis and linear transcription of sign language discourse. *In Current trends in European sign language research. Proceedings of the 3rd European Congress on Sign Language Research*, pages 337–353, Hamburg: Signum-Verlag. Prillwitz, Siegmund / Vollhaber, Tomas (eds.).

KITA, S., van GIJN, I. et van der HULST, H. (1998). Movement Phases in Signs and Co-speech Gestures, and Their Transcription by Human Coders. *Gesture and Sign Language in Human-Computer Interaction*, pages 23–35.

KOECH, C. (2007). *A kinematic analysis of sign language*. Thèse de doctorat, New Jersey Institute of Technology's.

LEFEBVRE-ALBARET, F. (2010). *Traitement automatique de vidéos en LSF, modélisation et exploitation des contraintes phonologiques du mouvement*. Thèse de doctorat, Université de Toulouse.

LEFEBVRE-ALBARET, F. et DALLE, P. (2008). Une approche de segmentation de la langue des signes française. *In 15ème conférence sur le Traitement Automatique des Langues Naturelles*, Avignon.

LIDDELL, S. et JOHNSON, R. (1989). American sign language : the phonological base. *Sign Language Studies, 64*.

SEGOUAT, J. (2010). *Modélisation de la coarticulation en Langue des Signes Française pour la diffusion automatique d'informations en gare ferroviaire à l'aide d'un signeur virtuel*. Thèse de doctorat, Université Paris-sud / Orsay.

SPPAS : un outil « user-friendly » pour l'alignement texte/son

Brigitte Bigi
Laboratoire Parole et Langage, CNRS & Aix-Marseille Université,
5 avenue Pasteur, BP80975, 13604 Aix-en-Provence France
brigitte.bigi@lpl-aix.fr

RÉSUMÉ

Cet article présente *SPPAS*, le nouvel outil du LPL pour l'alignement texte/son. La segmentation s'opère en 4 étapes successives dans un processus entièrement automatique ou semi-automatique, à partir d'un fichier audio et d'une transcription. Le résultat comprend la segmentation en unités inter-pausales, en mots, en syllabes et en phonèmes. La version actuelle propose un ensemble de ressources qui permettent le traitement du français, de l'anglais, de l'italien et du chinois. L'ajout de nouvelles langues est facilitée par la simplicité de l'architecture de l'outil et le respect des formats de fichiers les plus usuels. L'outil bénéficie en outre d'une documentation en ligne et d'une interface graphique afin d'en faciliter l'accessibilité aux non-informaticiens. Enfin, SPPAS n'utilise et ne contient que des ressources et programmes sous licence libre GPL.

ABSTRACT

SPPAS : a tool to perform text/speech alignement

This paper presents SPPAS, a new tool dedicated to phonetic alignments, from the LPL laboratory. SPPAS produces automatically or semi-automatically annotations which include utterance, word, syllabic and phonemic segmentations from a recorded speech sound and its transcription. SPPAS is currently implemented for French, English, Italian and Chinese. There is a very simple procedure to add other languages in SPPAS : it is just needed to add related resources in the appropriate directories. SPPAS can be used by a large community of users : accessibility and portability are important aspects in its development. The tools and resources will all be distributed with a GPL license.

MOTS-CLÉS : segmentation, phonétisation, alignement, syllabation.

KEYWORDS: segmentation, phonetization, alignement, syllabification.

1 Introduction

De nombreux développements de logiciels sont effectués dans les laboratoires de recherche comme support à la recherche ou aboutissement d'une recherche. Ces développements sont souvent innovants et intéressent rapidement d'autres entités que le laboratoire. Il se pose alors la question des choix pour permettre et pour accompagner leur valorisation, pour augmenter leur visibilité et leur capacité à susciter des collaborations. La portabilité et l'accessibilité du logiciel en sont des points clés. La portabilité, car choisir une plate-forme pour un programme revient à en restreindre l'audience. L'accessibilité aux contenus et aux fonctions du logiciel s'avère également essentielle pour sa diffusion large à différentes communautés d'utilisateurs, car un logiciel est à la fois un objet scientifique mais aussi potentiellement un objet de transfert de technologie.

De nombreuses boîtes à outils pour réaliser différents niveaux de segmentations de la parole et l'apprentissage des modèles sous-jacents sont mis à disposition sur le web. Elles bénéficient parfois d'une large documentation, d'une communauté d'utilisateurs, de tutoriaux et de forums actifs. Des ressources (dictionnaires, modèles) sont également disponibles pour quelques langues. Pourtant, lorsqu'il s'agit d'effectuer des alignements texte/son, la plupart des phonéticiens choisissent de le faire manuellement même si plusieurs heures sont souvent nécessaire pour n'aligner qu'une seule minute de signal. Les raisons principalement évoquées concernent le fait qu'aucun outil n'est à la fois disponible librement, utilisable de façon simple et ergonomique, multiplateforme et, bien sûr, qui prend en charge la langue que veut traiter l'utilisateur. Ainsi, bien qu'elles soient très utilisées par les informaticiens, des boîtes à outils telles que, par exemple, HTK (Young, 1994), Sphinx (Carnegie Mellon University, 2011) ou Julius (Lee *et al.*, 2001), ne bénéficient toujours pas d'un développement qui permette une accessibilité à une communauté plus large d'utilisateurs, en particulier, à des utilisateurs non-informaticiens. HTK (Hidden Markov Toolkit), en effet, requiert un niveau de connaissances techniques très important à la fois pour son installation et pour son utilisation. Par ailleurs, HTK nécessite de s'enregistrer et il est proposé sous une licence qui limite les termes de sa diffusion (« *The Licensed Software either in whole or in part can not be distributed or sub-licensed to any third party in any form.* »). En outre, la dernière version (3.4.1) date de 2005. Malgré cela, HTK est largement utilisé et ses formats de données ont été largement repris par d'autres outils. Contrairement à HTK, Sphinx et Julius sont diffusés sous licence GPL. À ce titre, ils peuvent être re-distribués par des tiers, et ils sont régulièrement mis à jour. Par rapport à Sphinx, Julius offre toutefois l'avantage de pouvoir utiliser des modèles et dictionnaires au format HTK et de s'installer très facilement.

Développer un outil d'alignement automatique, s'appuyant uniquement sur des ressources libres (outils et données) et regroupant les critères nécessaire à son accessibilité à des non-informaticiens n'est pas uniquement un défi technique. On suppose en effet que si tel était le cas, cet outil existerait depuis longtemps ! Quelques outils sont toutefois déjà disponibles. P2FA (Yuan et Liberman, 2008) est un programme python multi-plate-forme qui permet de simplifier l'utilisation d'HTK pour l'alignement. De même, EasyAlign (Goldman, 2011) repose sur HTK, pour l'alignement automatique. Il se présente sous la forme d'un plugin pour le logiciel Praat (Boersma et Weenink, 2009), très utilisé pour l'annotation phonétique. EasyAlign (Goldman, 2011) offre l'avantage d'être simple à utiliser et propose une segmentation semi-automatique en Unités Inter-Pausales (IPUs), mots, syllabes et phonèmes pour 5 langues, mais il ne fonctionne que sous Windows. Dans (Cangemi *et al.*, 2010), les auteurs proposent les ressources pour l'italien et un logiciel d'alignement (licence GPL), également seulement pour Windows.

L'outil présenté dans cet article s'appelle SPPAS, acronyme de « SPeech Phonetization Alignment and Syllabification ». L'article en présente d'abord une vue d'ensemble puis décrit les 4 modules principaux : la segmentation en unités inter-pausales, la phonétisation, l'alignement et la syllabation. Enfin, une évaluation de la phonétisation est proposée.

2 SPPAS : vue d'ensemble

SPPAS peut être utilisé de diverses façons. La manière la plus simple d'utiliser SPPAS consiste à utiliser le programme *sppas.command* sous un système Unix, ou *sppas.py* sous Windows, qui lance l'interface graphique (voir figure 1). La division de SPPAS en différentes étapes (ou modules) permet une utilisation semi-automatique. Chacune des étapes de SPPAS peut être lancée puis le résultat corrigé manuellement avant de lancer l'étape suivante. Pour des utilisateurs avertis, SPPAS peut aussi être utilisé en ligne de commande : soit avec le programme général *sppas.py*, soit étape par étape (un ensemble d'outils est disponible dans le répertoite *tools*).

Un des points importants pour favoriser la diffusion destinée à une large communauté concerne la licence. SPPAS n'utilise que des ressources et des outils déposés sous licence GPL. SPPAS peut ainsi être distribué sous les termes de cette licence libre. Par ailleurs, pour des raisons de compatibilité, SPPAS manipule des fichiers TextGrid (format natif de Praat).

SPPAS permet de traiter différentes langues avec la même approche car la connaissance linguistique est placée dans les ressources et non dans les algorithmes. Actuellement, cet outil peut traiter des données en anglais, français, italien ou chinois. Ajouter une nouvelle langue L dans SPPAS consiste à ajouter les ressources nécessaires à chacun des modules, à savoir :

1. pour la phonétisation : un dictionnaire au format HTK, dans dict/L.dict,
2. pour l'alignement : un modèle acoustique (au format standard HTK-ASCII, appris à partir de fichiers audio échantillonés à 16000Hz), dans models/models-L,
3. pour la syllabation : un fichier de règles, dans syll/syllConfig-L.txt.

Si ces fichiers sont placés dans les répertoires appropriés et respectent la convention de nommage et le format requis, la nouvelle langue sera prise en compte automatiquement.

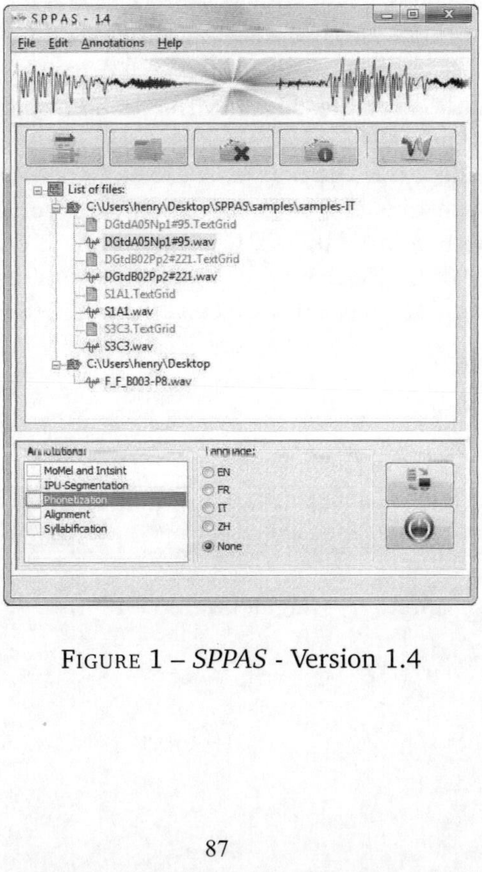

FIGURE 1 – *SPPAS* - Version 1.4

Afin d'assurer la portabilité, SPPAS est développé dans le langage python. En plus d'être multiplateforme, le langage python offre l'avantage d'être orienté objet. Il permet ainsi un développement modulaire intéressant compte-tenu des objectifs du logiciel. En outre, python est interprété, il ne nécessite donc pas l'étape de compilation qui peut être difficile pour un non informaticien. L'interface graphique de SPPAS est développée à l'aide de la librairie wxPython, également très facile à installer.

Actuellement, SPPAS a notamment permis au LPL de participer à la campagne d'évaluation Evalita 2011, pour la tâche d'alignement forcé de dialogues en map-task, en italien (Bigi, 2012). SPPAS a également été choisi pour traiter les données du corpus AixOx, enregistrées dans le cadre du projet Amennpro, sur les phrases lues en français, par des locuteurs français ou des apprenants anglophones (Herment *et al.*, 2012). Il est par ailleurs régulièrement utilisé au LPL pour réaliser différentes tâches d'alignement.

Sur la figure 1, on voit une étape supplémentaire nommée « Momel and INTSINT ». Elle implémente la modélisation automatique de la mélodie proposée dans (Hirst et Espesser, 1993).

3 Les modules de SPPAS

3.1 Segmentation en IPUs

Cette segmentation consiste à aligner les macro-unités d'un texte (segments, phrases, etc) avec le son qui lui correspond. C'est un problème de recherche ouvert car, à notre connaissance, seul EasyAlign propose un tel algorithme. SPPAS utilise les pauses indiquées (manuellement) dans la transcription. L'algorithme s'appuie sur la recherche des pauses dans le signal et leur alignement avec les unités proposées dans la transcription (en supposant qu'une pause sépare chaque unité). Pour une durée fixée de pause et une durée fixée des segments de parole, une recherche dichotomique permet d'ajuster le volume pour trouver le bon nombre d'unités. Selon que le nombre d'unités trouvées est inférieur ou supérieur au nombre souhaité d'unités, la recherche est relancée avec des valeurs de durées de pauses et de durée des unités plus élevées ou moins élevées. La recherche s'arrête lorsque les 3 paramètres sont fixés correctement, c'est-à-dire qu'ils permettent de trouver le bon nombre d'unités. Cet algorithme a été appliqué à un corpus de lecture de mots et au corpus AixOx (Herment *et al.*, 2012) de lecture de petits paragraphes (3-6 phrases). La figure 2 montre une segmentation de ce dernier. SPPAS a ainsi permis ainsi un gain de temps substantiel.

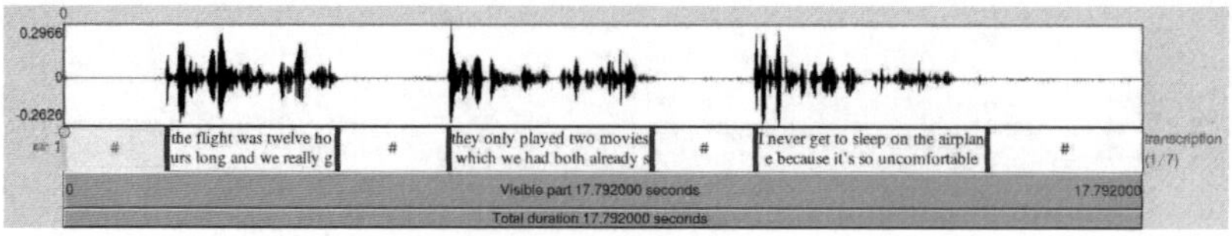

FIGURE 2 – Segmentation en IPUs

3.2 Phonétisation

La phonétisation, aussi appelée conversion graphème-phonème, consiste à représenter les unités (mots, syllabes) d'un texte par des symboles phonétiques. Il existe deux familles d'approches dans les méthodes de phonétisation : celles reposant sur des règles (proposées par des experts et/ou apprises sur corpus) et celles s'appuyant uniquement sur un dictionnaire. SPPAS implémente cette dernière approche. SPPAS propose aussi un plugin, nommé ESPPAS, qui permet d'utiliser l'approche à base de règles pour le français.

Approche à base de dictionnaire : Il n'y a pas d'algorithme spécifique dans cette approche. Le principe réside simplement à consulter le dictionnaire pour en extraire la prononciation de chaque entrée observée. Les deux situations suivantes peuvent survenir :
- une entrée peut se prononcer de différentes manières. C'est le cas notamment des homographes hétérophones, mais aussi des accents régionaux ou des phénomènes de réductions propres à l'oral. Dans ce cas, SPPAS ne choisit pas *a priori* la prononciation. Toutes les variantes présentes dans le dictionnaire sont cumulées dans la phonétisation.
- une entrée peut être absente du dictionnaire. SPPAS peut soit la remplacer par le symbole UNK, soit produire une phonétisation automatique. Dans ce cas, l'algorithme repose sur une recherche « longest matching », indépendante de la langue. Il cherche, de gauche à droite, les segments les plus longs dans le dictionnaire et recompose la phonétisation des segments pour créer la phonétisation du mot absent.

Par exemple, pour les mots « je » et « suis » le dictionnaire propose :

je [je] jj	suis [suis] ss yy ii
je(2) [je] jj eu	suis(2) [suis] ss yy ii zz
je(3) [je] ch	suis(3) [suis] ss uu ii
	suis(3) [suis] yy ii

Pour l'énoncé « je suis », SPPAS propose alors la phonétisation : « jj|jj.eu|ch ss.yy.ii|ss.yy.ii.zz|ss.uu.ii|yy.ii » dans laquelle les espaces séparent les mots, les points séparent les phonèmes et les barres verticales séparent les variantes. L'utilisateur peut laisser la phonétisation telle quelle (processus entièrement automatique) : c'est l'aligneur qui choisira la phonétisation. La phrase phonétisée sera l'une des combinaisons possibles des variantes proposées par SPPAS pour chaque mot. Dans un processus semi-automatique, l'utilisateur peut choisir la phonétisation appropriée (ou la modifier) manuellement. Pour des raisons de compatibilité, SPPAS utilise des dictionnaires au même format que ceux d'HTK. C'est un format ASCII éditable ; il peuvent donc être facilement modifiés avec un éditeur de texte.

Approche à base de règles : Dans le cadre de notre étude, notre choix s'est porté sur l'outil LIA_Phon (Bechet, 2001), pour deux raisons. La première parce qu'il est diffusé sous licence GPL, donc facilement accessible et par ailleurs, suffisamment bien documenté, facile d'utilisation et multi-plateformes. La seconde car il est connu pour produire une phonétisation de qualité.

En dehors de l'étape de transcription graphème-phonème, généralement traitée par une approche à base de règles, de nombreux traitements linguistiques sont nécessaires afin de lever les ambiguïtés d'oralisation du texte écrit (formatage du texte, homographes hétérophones, liaisons, phonétisation des noms propres, sigles ou emprunts à des langues étrangères, etc). Les outils inclus dans le LIA_Phon peuvent se décomposer en trois modules : les outils de formatage et d'étiquetage, les outils de phonétisation et les outils d'exploitation des textes phonétisés. Dans la présente étude, nous faisons appel aux deux premiers modules. Le plugin « ESPPAS » (pour Enriched-SPPAS) encapsule le LIA_Phon pour l'utiliser facilement dans SPPAS.

3.3 Alignement en phonèmes et en mots

L'alignement en phonèmes consiste à déterminer la localisation temporelle de chacun des phonèmes d'une unité. SPPAS fait appel à Julius pour réaliser l'alignement. Julius est essentiellement dédié à la reconnaissance automatique de la parole. Il est distribué sous licence GPL, avec des versions exécutables simples à installer. Pour réaliser l'alignement, Julius a besoin d'une grammaire et d'un modèle acoustique. La grammaire contient la (ou les) prononciation(s) de chaque mot et l'indication des transitions entre les mots. L'alignement requiert aussi un modèle acoustique qui doit être au format HTK-ASCII, appris à partir de fichiers audio en 16000hz. Dans une première étape, Julius sélectionne la phonétisation et la segmentation en phonèmes est effectuée lors d'une seconde étape. La segmentation en mots est déduite de cette dernière.

La table 1 synthétise les informations relatives aux ressources incluses dans SPPAS. Il contient le nombre d'entrées du dictionnaire et la quantité de données utilisées pour l'apprentissage des modèles acoustiques. Les ressources de l'anglais proviennent du projet VoxForge (http ://www.voxforge.org), avec le dictionnaire du CMU.

Langue	Dictionnaire	Modèle Acoustique
Français	348k, 305k variantes	7h30 CID et 30min AixOx, triphones
Italien	390k, 5k variantes	3h30 CLIPS dialogues map-task, triphones
Chinois simplifié	353 syllabes	1h36 phrases lues, monophones

TABLE 1 – Ressources de SPPAS - Version 1.4

3.4 Syllabation

SPPAS encapsule le syllabeur du LPL (Bigi *et al.*, 2010). Il consiste à définir un ensemble de règles de segmentation entre phonèmes. Il repose sur les deux principes suivants : 1/ une syllabe contient une seule voyelle ; 2/ une pause est une frontière de syllabe. Ces deux principes résument le problème de syllabation en la recherche de frontières de syllabes entre deux voyelles. Les phonèmes sont alors regroupés en classes et des règles de segmentation entre ces classes sont établies, comme dans l'exemple suivant :

Transcription	et donc on mange sur la baignoire donc c'est c'est ça
Phonèmes	e d ɔ̃ k ɔ̃ m ɑ̃ ʒ s y ʀ l ɑ b e n w ɑ ʀ d ɔ̃ k s e s e s ɑ
Classes	V O V O V N V F F V L L V O V N G V L O V O F V F V F V
Syllabes	e . dɔ̃ . kɔ̃ . mɑ̃ʒ . syʀ . lɑ . be . nwɑʀ . d ɔ̃ k . se . se . sɑ

Le programme utilise un fichier de configuration qui décrit la liste des phonèmes et leur classe, ainsi que la liste de toutes les règles. Il peut être facilement modifié, ce qui rend l'outil applicable à d'autres langues. SPPAS inclut les fichiers de configuration pour la syllabation du français et de l'italien (ce dernier n'a pas été évalué).

4 Évaluations

Nous présentons ici des évaluations que nous avons réalisées sur la phonétisation du français. Les évaluations sur la phonétisation et l'alignement de l'italien sont présentées dans (Bigi, 2012). Nous avons d'abord construit un corpus, nommé « MARC-Fr - Manual Alignments Reference Corpus for French », entièrement phonétisé et aligné manuellement par un expert phonéticien. Il est déposé sous licence GPL sur la forge SLDR [1]. Il est composé de 3 corpus :

- 143 secondes d'extraits du CID, corpus conversationnel décrit dans (Bertrand *et al.*, 2008)
- 137 secondes d'extraits du corpus AixOx, corpus de lecture décrit dans (Herment *et al.*, 2012),
- 134 secondes d'un extrait d'Yves Cochet lors d'un débat à l'Assemblée nationale portant sur le « Grenelle II de l'environnement » décrit dans (Bigi *et al.*, 2011).

La transcription est en orthographe standard et contient les pauses pleines, les pauses perçues, les rires, les bruits, les amorces et les répétitions. D'autres résultats avec différents enrichissements de la transcription sont proposés dans (Bigi *et al.*, 2012)). Les évaluations sont effectuées avec l'outil Sclite (NIST, 2009). Il calcule le taux d'erreurs de la phonétisation (Err) qui somme les erreurs de substitution (Sub), de suppression (Del) et d'insertion (Ins). Les résultats sont présentés dans le tableau 2. La phonétisation du CID est meilleure en utilisant SPPAS, tandis que pour les deux autres corpus, la phonétisation est meilleure en utilisant le LIA_Phon. Cependant, puisque SPPAS utilise une approche à base de dictionnaire qui dépend énormément des ressources dont il dispose, il bénéficie d'une marge de progression assez importante. Le dictionnaire pourrait en effet être amélioré en vérifiant manuellement les entrées. Il faudrait aussi améliorer le modèle acoustique, en ajoutant des données d'apprentissage.

		Sub	Del	Ins	Err
CID	SPPAS-dico	3,6	2,1	7,6	**13,2**
	LIA_Phon	2,7	1,4	10,3	14,4
AixOx	SPPAS-dico	3,1	2,4	2,9	8,4
	LIA_Phon	1,4	2,3	2,9	**6,5**
Grenelle	SPPAS-dico	1,7	1,7	4,1	7,4
	LIA_Phon	1,0	1,2	4,1	**6,2**

TABLE 2 – Pourcentages d'erreurs de la phonétisation

5 Perspectives

SPPAS est un outil qui permet d'aligner automatiquement textes et sons. Sa particularité vient du fait qu'il s'adresse à une communauté très large d'utilisateurs. De nombreux efforts ont été réalisés en ce sens lors de son développement : portabilité, accessibilité, modularité, licence libre, etc. Les développements à venir suivent 3 directions : la première consiste valoriser la version actuelle (documentation, tutoriel, dépôt dans une forge, packaging, etc), le deuxième consiste en l'ajout de nouveaux modules (détection de pitch, tokenizer multilingue), la troisième est l'ajout de nouvelles ressources pour la prise en charge de nouvelles langues (et/ou la création d'un modèle multilingue).

1. Speech Language Data Repository, http ://www.sldr.fr

Références

BECHET, F. (2001). LIA_PHON - un système complet de phonétisation de textes. *Traitement Automatique des Langues*, 42(1).

BERTRAND, R., BLACHE, P., ESPESSER, R., FERRÉ, G., MEUNIER, C., PRIEGO-VALVERDE, B. et RAUZY, S. (2008). Le CID - Corpus of Interactional Data. *Traitement Automatique des Langues*, 49(3):105–134.

BIGI, B. (2012). The SPPAS participation to Evalita 2011. *In EVALITA 2011 : Workshop on Evaluation of NLP and Speech Tools for Italian*, Rome, Italie.

BIGI, B., MEUNIER, C., NESTERENKO, I. et BERTRAND, R. (2010). Automatic detection of syllable boundaries in spontaneous speech. *In Language Resource and Evaluation Conference*, pages 3285–3292, La Valetta, Malta.

BIGI, B., PORTES, C., STEUCKARDT, A. et TELLIER, M. (2011). Multimodal annotations and categorization for political debates. *In In ICMI Workshop on Multimodal Corpora for Machine learning (ICMI-MMC)*, Alicante, Espagne.

BIGI, B., PÉRI, P. et BERTRAND, R. (2012). Orthographic Transcription : Which Enrichment is required for Phonetization ? *In The eighth international conference on Language Resources and Evaluation*, Istanbul (Turkey).

BOERSMA, P. et WEENINK, D. (2009). Praat : doing phonetics by computer, http ://www.praat.org.

CANGEMI, F., CUTUGNO, F., LUDUSAN, B., SEPPI, D. et COMPERNOLLE, D.-V. (2010). Automatic speech segmentation for italian (assi) : tools, models, evaluation, and applications. *In 7th AISV Conference*, Lecce, Italie.

CARNEGIE MELLON UNIVERSITY (2011). CMUSphinx : Open Source Toolkit For Speech Recognition. http ://cmusphinx.sourceforge.net.

GOLDMAN, J.-P. (2011). EasyAlign : an automatic phonetic alignment tool under Praat. *In InterSpeech*, Florence, Italie.

HERMENT, S., LOUKINA, A., TORTEL, A., HIRST, D. et BIGI, B. (2012). A multi-layered learners corpus : automatic annotation. *In 4th International Conference on Corpus Linguistics Language, corpora and applications : diversity and change*, Jaén (Espagne).

HIRST, D. J. et ESPESSER, R. (1993). Automatic modelling of fundamental frequency using a quadratic spline function. *Travaux de l'Institut de Phonétique d'Aix*, 15:75–85.

LEE, A., KAWAHARA, T. et SHIKANO., K. (2001). Julius — an open source real-time large vocabulary recognition engine.". *In European Conference on Speech Communication and Technology*, pages 1691–1694.

NIST (2009). Speech recognition scoring toolkit, http ://www.itl.nist.gov/iad/mig/tools/.

YOUNG, S. (1994). The HTK Hidden Markov Model Toolkit : Design and Philosophy. *Entropic Cambridge Research Laboratory, Ltd*, 2:2–44.

YUAN, J. et LIBERMAN, M. (2008). Speaker identification on the scotus corpus. *In Acoustics*.

Un système de segmentation automatique de gestes appliqué à la Langue des Signes

Matilde Gonzalez
IRIT (UPS - CNRS UMR 5505) Université Paul Sabatier,
118 Route de Narbonne,
F-31062 TOULOUSE CEDEX 9
gonzalez@irit.fr

RÉSUMÉ

De nombreuses études sont en cours afin de développer des méthodes de traitement automatique de langues des signes. Plusieurs approches nécessitent de grandes quantités de données segmentées pour l'apprentissage des systèmes de reconnaissance. Nos travaux s'occupent de la segmentation semi-automatique de gestes afin de permettre d'identifier le début et la fin d'un signe dans un énoncé en langue des signes. Nous proposons une méthode de segmentation des gestes à l'aide des caractéristiques de mouvement et de forme de la main.

ABSTRACT

An automatic gesture segmentation system applied to Sign Language

Many researches focus on the study of automatic sign language recognition. Many of them need a large amount of data to train the recognition systems. Our work address the segmentation of gestures in sign language video corpus in order to identify the beginning and the end of signs. We propose an approach to segment gestures using motion and hand shape features.

MOTS-CLÉS : Segmentation de gestes, langue des signes, segmentation de signes.

KEYWORDS: Gesture segmentation, sign language, sign segmentation.

1 Introduction

La langue des signes (LS) est une langue gestuelle développée par les sourds pour communiquer. Un énoncé en LS consiste en une séquence de signes réalisés par les mains, accompagnés d'expressions du visage et de mouvements du haut du corps, permettant de transmettre des informations en parallèles dans le discours. Même si les signes sont définis dans des dictionnaires, on trouve une très grande variabilité liée au contexte lors de leur réalisation. De plus, les signes sont souvent séparés par des mouvements de co-articulation (aussi appelé *'transition'*). Un exemple est montré dans la Figure 1. Cette extrême variabilité et l'effet de co-articulation représentent un problème important dans la segmentation automatique de gestes.

Une méthode permettant de segmenter semi-automatiquement des énoncés en LS, sans utiliser d'apprentissage automatique est présenté. Plus précisément, nous cherchons à détecter les limites de début et fin de signes. Cette méthode de segmentation de gestes nécessite plusieurs traitements de bas niveau afin d'extraire les caractéristiques de mouvement et de forme de la main. Les

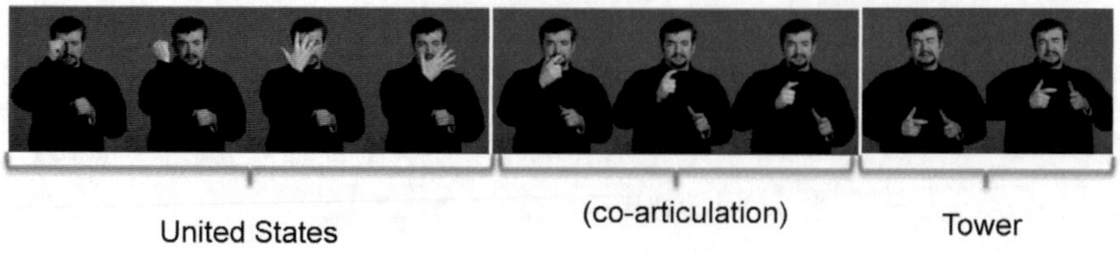

FIGURE 1 – Exemple de *co-articulation* : geste netre la fin du signe "Etats-Unis" et le debout du signe "tour" en Langue de Signes Française.

caractéristiques de mouvement sont utilisées pour réaliser une première segmentation qui est par la suite améliorée grâce à l'utilisation de caractéristiques de forme. En effet,celles-ci permettent de supprimer les limites de segmentation détectées en milieu des signes.

Cet article est structuré comme suit. La section 2 présente une synthèse des méthodes de segmentation automatique appliquées à la LS. Nous montrons ensuite dans la section 3 l'extraction de caractéristiques de mouvement et de forme afin de segmenter les gestes dans la séquence vidéo. Des résultats expérimentaux sont ensuite présentés en section 4. Enfin, en section 5, une conclusion rappelle les principaux résultats obtenus et évoque quelques perspectives de recherche.

2 Segmentation Automatique des Signes : état de l'art

Actuellement plusieurs recherches s'intéressent au problème de l'analyse automatique de la LS (Ong et Ranganath, 2005), plus particulièrement de sa reconnaissance (Imagawa *et al.*, 1998; Starner et Pentland, 1995; Zieren *et al.*, 2006). Dans (Grobel et Assan, 1997) les données d'apprentissage sont des signes isolés réalisés plusieurs fois par un ou plusieurs signeurs. La réalisation des signes est dépendante du contexte et, dans le cas des signes isolés, la co-articulation n'est pas prise en compte. En ce qui concerne la segmentation automatique de gestes en LS, Nayak *et al.* (Nayak *et al.*, 2009) ont proposé une méthode qui permet d'extraire automatiquement les limites d'un signe à l'aide de plusieurs occurrences du signe dans la vidéo. Ils considèrent la forme et la position relative des mains par rapport au corps. Pour la plupart des signes ces caractéristiques varient énormément selon le contexte cantonnant cette approche à quelques exemples typiques. Lefebvre et Dalle (Lefebvre-Albaret et Dalle, 2010) ont présenté une méthode utilisant des caractéristiques de bas niveau afin de segmenter semi-automatiquement les signes. Ils ne considèrent que le mouvement dans le but d'identifier plusieurs types de symétries. Or plusieurs signes sont composés de plusieurs séquences avec différents types de symétrie, ces signes seront sur-segmentés.

Afin de résoudre certains problèmes émergents de l'état de l'art nous proposons une méthode de segmentation automatique des signes qui exploite le caractéristiques de mouvement, et de forme de la main.

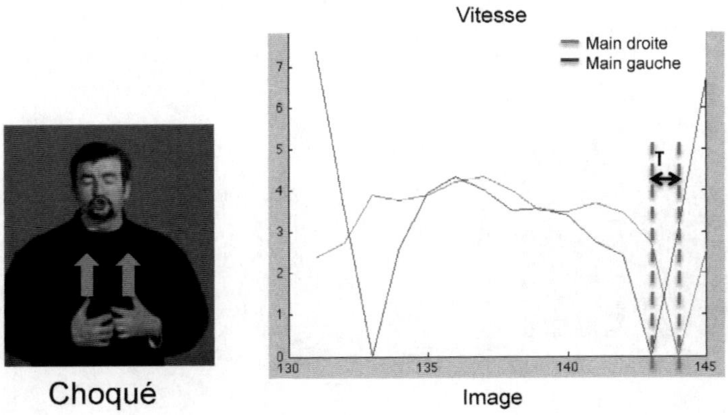

FIGURE 2 – Signe "choqué" en LSF et vitesse des deux mains.

3 Segmentation automatique de gestes

La segmentation des signes correspond à la détection du début et de la fin d'un signe. Pour cela nous utilisons les résultats de suivi de composantes corporelles (Gonzalez et Collet, 2011) afin de segmenter les signes grâce à des caractéristiques de mouvement. Ensuite la forme de la main est utilisée pour améliorer les résultats de segmentation (Gonzalez et Collet, 2010).

3.1 Classification du mouvement

Les caractéristiques de mouvement sont extraites à partir des résultats du suivi des composantes corporelles. Les vitesses des mains droite et gauche, $v_1(t)$ et $v_2(t)$ sont calculées à l'aide des positions des mains pour chaque image. La norme de la vitesse est utilisée pour le calcul de la vitesse relative $v_r(t)$, c'est-à-dire la différence entre la vitesse de la main gauche et celle de la main droite. Quand les mains bougent ensemble nous remarquons un léger décalage entre les profils de vitesses des deux mains bien que leur allure reste très proche comme on peut le voir avec le signe "Choqué" (Fig. 2).

Grâce à la vitesse relative nous déterminons les séquences statiques, aucune main ne bouge, ou celles réalisées avec une ou deux mains. A partir de cette classification nous pouvons identifier les événements définis comme les début et fin potentiels de signes et détectés comme un changement de classe. Toutefois cette approche détecte des événements en milieu de signe. On dit alors que les séquences ont été sur-segmentées. Par exemple la figure 3(gauche) illustre la réalisation du signe "*Quoi ?*" en LSF. Il s'agit d'un signe symétrique répété où les deux mains bougent simultanément en direction opposée. La figure 3(droite) montre les évènements détectés en fonction des classes définies précédemment. La segmentation peut être améliorée en tenant compte de la forme des mains car, pour ce signe comme pour beaucoup d'autres, la configuration des mains reste inchangée.

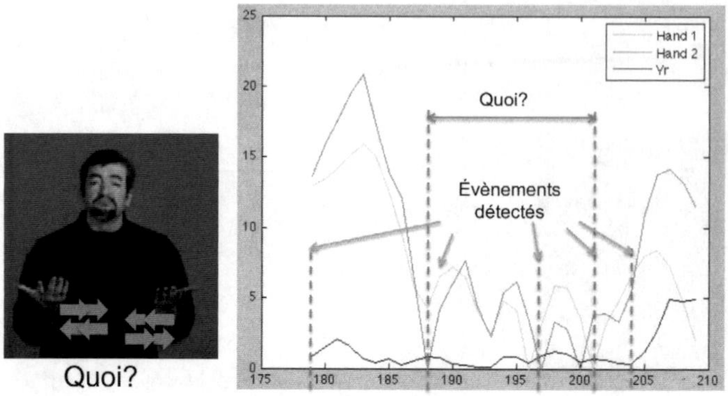

FIGURE 3 – Signe *'Quoi ?'* en LSF et les vitesses pour les deux mains, la vitesse relative et les événements détectés.

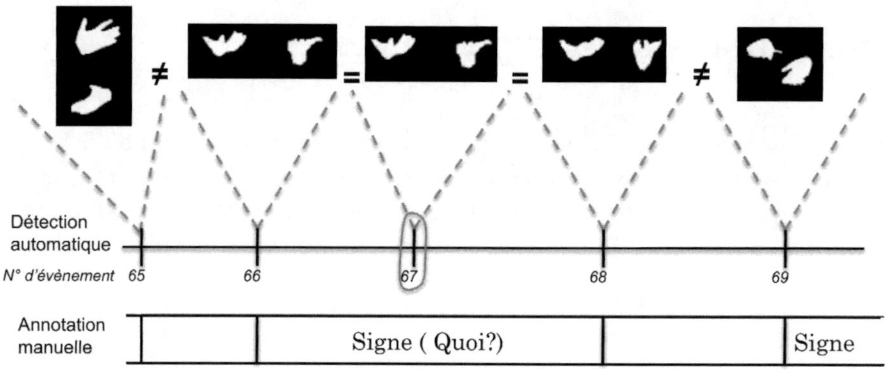

FIGURE 4 – Illustre les mains segmentées pour chaque événement détecté ainsi que la vérité-terrain.

3.2 Caractérisation de la forme des mains

Dans cette étape nous introduisons des informations sur la forme de la main afin de corriger la sur-segmentation. La reconnaissance de la configuration de la main est un problème complexe du fait de la grande variabilité de la forme 2D obtenue à l'aide d'une seule caméra.

Afin d'extraire les caractéristiques de forme, nous devons d'abord segmenter les mains pour chaque événement. La forme de la main est systématiquement comparée avec celle des événements adjacents. Nous utilisons deux mesures de similarité : le diamètre équivalent ϵ_d et l'excentricité ϵ. L'avantage d'utiliser ces types de mesures est l'invariance en translation et en rotation. Cependant l'inconvénient est la sensibilité au changement d'échelle et au bruit. La figure 4 montre les résultats de segmentation du signe "*Quoi ?*" en LSF. L'étape précédente a segmenté le signe en tenant compte des caractéristiques de mouvement ce qui a entrainé la sur-segmentation du signe. Nous remarquons que la forme des mains reste similaire entre certains événements détectés. On supprime donc celui du milieu pour corriger la segmentation.

4 Résultats expérimentaux

Nous avons réalisé l'évaluation à l'aide de deux séquences vidéo sans aucune contrainte sur la langue : LS Colin et DEGELS. L'algorithme de segmentation a été appliqué sur 2500 images. Les vérités-terrain pour les deux séquences ont été manuellement réalisées par un signeur sourd-né. L'évaluation consiste à à compter les événements correctement segmentés en tenant compte d'une tolérance (TP : true positifs) et les événements détectés mais qui ne correspondent pas à une limite annotée (FP : False positif). La tolérance δ pour le calcul du taux de TP a été déterminée expérimentalement. Un signeur expérimenté a annoté une séquence vidéo plusieurs fois afin de déterminer sa variabilité qui s'élève dans notre cas à 1,7 images en moyenne. La segmentation est considérée comme correcte si le nombre d'images entre l'annotation et l'événement détecté est proche à la variabilité du signeur. Le tableau 4 montre les résultats pour les deux séquences vidéo avec une tolérance de deux images. On remarque qu'à l'introduction des caractéristiques de forme de la main le taux de TP reste le même alors que le taux de FP diminue de 3% pour LS-Colin et de 10% pour le corpus Degels.

	Motion		Motion + Hand Shape	
	TP(%)	FP(%)	TP(%)	FP(%)
LS- Colin	81.6	46.2	81.6	44.9
DEGELS	74.5	54.2	74.5	44.7

TABLE 1 – Résultats de segmentation de gestes

5 Conclusion

Nous présentons ici un système de segmentation temporelle de séquences vidéo en LS. La segmentation a été réalisée en ne considérant que des caractéristiques de bas niveau, ce qui rend notre méthode généralisable pour toutes les LS. Nous utilisons d'abord les caractéristiques de mouvement extraites à l'aide de notre algorithme de suivi qui est robuste aux occultations. Ensuite grâce aux caractéristiques de forme de la main nous sommes capable de corriger la segmentation. Cette méthode a montré des résultats prometteurs qui peuvent être utilisés pour la reconnaissance de signes et pour l'annotation en gloses des séquences à l'aide d'un modèle linguistique de la LS.

Remerciements

Ces recherches sont financées par le 7ème programme cadre Communauté Européenne (FP7/2007-2013) accord no 231135.

Références

GONZALEZ, M. et COLLET, C. (2010). Head tracking and hand segmentation during hand over face occlusion in sign language. *In Int. Workshop on Sign, Gesture, and Activity (ECCV)*.

GONZALEZ, M. et COLLET, C. (2011). Robust body parts tracking using particle filter and dynamic template. *In 18th IEEE ICIP*, pages 537–540.

GROBEL, K. et ASSAN, M. (1997). Isolated sign language recognition using hidden markov models. *In IEEE Int. Conference on Systems, Man, and Cybernetics*, volume 1, pages 162–167. IEEE.

IMAGAWA, K., LU, S. et IGI, S. (1998). Color-based hands tracking system for sign language recognition. *In Proc. 3rd IEEE International Conference on Automatic Face and Gesture Recognition*, pages 462–467.

LEFEBVRE-ALBARET, F. et DALLE, P. (2010). Body posture estimation in sign language videos. *Gesture in Embodied Communication and HCI*, pages 289–300.

NAYAK, S., SARKAR, S. et LOEDING, B. (2009). Automated extraction of signs from continuous sign language sentences using iterated conditional modes. *CVPR*, pages 2583–2590.

ONG, S. et RANGANATH, S. (2005). Automatic sign language analysis : A survey and the future beyond lexical meaning. *IEEE Tran. on Pattern Analysis and Machine Intelligence*, pages 873–891.

STARNER, T. et PENTLAND, A. (1995). Real-time american sign language recognition from video using hidden markov models. *In Proc. International Symposium on Computer Vision*, pages 265–270.

ZIEREN, J., CANZLER, U., BAUER, B. et KRAISS, K. (2006). Sign language recognition. *Advanced Man-Machine Interaction*, pages 95–139.

Index

Association for Computational Linguistics
209 N. Eighth Street
Stroudsburg, Pennsylvania 18360

CURRAN ASSOCIATES INC
proceedings.com